杭州优秀传统文化丛书
Hangzhou Youxiu Chuantong Wenhua Congshu

石头的忠实

侯生龙 著

杭州出版社

图书在版编目（CIP）数据

石头的忠实 / 侯生龙著 . -- 杭州 : 杭州出版社，2022.8
（杭州优秀传统文化丛书）
ISBN 978-7-5565-1665-0

Ⅰ . ①石… Ⅱ . ①侯… Ⅲ . ①石刻—介绍—杭州 Ⅳ . ① K877.4

中国版本图书馆 CIP 数据核字（2022）第 004136 号

Shitou de Zhongshi

石头的忠实

侯生龙 / 著

责任编辑	杨 凡
装帧设计	祁睿一 李轶军
美术编辑	祁睿一
责任校对	段伟文
责任印务	屈 皓
出版发行	杭州出版社（杭州西湖文化广场32号6楼）
	电话：0571-87997719 邮编：310014
	网址：www.hzcbs.com
排　　版	浙江时代出版服务有限公司
印　　刷	天津画中画印刷有限公司
经　　销	新华书店
开　　本	710 mm × 1000 mm 1/16
印　　张	16
字　　数	200千
版 印 次	2022年8月第1版 2022年8月第1次印刷
书　　号	ISBN 978-7-5565-1665-0
定　　价	58.00元

（版权所有 侵权必究）

序言

文化是城市最高和最终的价值

我们所居住的城市，不仅是人类文明的成果，也是人们日常生活的家园。各个时期的文化遗产像一部部史书，记录着城市的沧桑岁月。唯有保留下这些具有特殊意义的文化遗产，才能使我们今后的文化创造具有不间断的基础支撑，也才能使我们今天和未来的生活更美好。

对于中华文明的认知，我们还处在一个不断提升认识的过程中。

过去，人们把中华文化理解成"黄河文化""黄土地文化"。随着考古新发现和学界对中华文明起源研究的深入，人们发现，除了黄河文化之外，长江文化也是中华文化的重要源头。杭州是中国七大古都之一，也是七大古都中最南方的历史文化名城。杭州历时四年，出版一套"杭州优秀传统文化丛书"，挖掘和传播位于长江流域、中国最南方的古都文化经典，这是弘扬中华优秀传统文化的善举。通过图书这一载体，人们能够静静地品味古代流传下来的丰富文化，完善自己对山水、遗迹、书画、辞章、工艺、风俗、名人等文化类型的认知。读过相关的书后，再走进博物馆或观赏文化景观，看到的历史遗存，将是另一番面貌。

过去一直有人在质疑，中国只有三千年文明，何谈五千年文明史？事实上，我们的考古学家和历史学者一直在努力，不断发掘的有如满天星斗般的考古成果，实证了五千年文明。从东北的辽河流域到黄河、长江流域，特别是杭州良渚古城遗址以距今5300—4300年的历史，以夯土高台、合围城墙以及规模宏大的水利工程等史前遗迹的发现，系统实证了古国的概念和文明的诞生，使世人确信：这里是古代国家的起源，是重要的文明发祥地。我以前从来不发微博，发的第一篇微博，就是关于良渚古城遗址的内容，喜获很高的关注度。

我一直关注各地对文化遗产的保护情况。第一次去良渚遗址时，当时正在开展考古遗址保护规划的制订，遇到的最大难题是遗址区域内有很多乡镇企业和临时建筑，环境保护问题十分突出。后来再去良渚遗址，让我感到一次次震撼：那些"压"在遗址上面的单位和建筑物相继被迁移和清理，良渚遗址成为一座国家级考古遗址公园，成为让参观者流连忘返的地方，把深埋在地下的考古遗址用生动形象的"语言"展示出来，成为让普通观众能够看懂、让青少年学生也能喜欢上的中华文明圣地。当年杭州提出西湖申报世界文化遗产时，我认为这是一项需要付出极大努力才能完成的任务。西湖位于蓬勃发展的大城市核心区域，西湖的特色是"三面云山一面城"，三面云山内不能出现任何侵害西湖文化景观的新建筑，做得到吗？十年申遗路，杭州市付出了极大的努力，今天无论是漫步苏堤、白堤，还是荡舟西湖里，都看不到任何一座不和谐的建筑，杭州做到了，西湖成功了。伴随着西湖申报世界文化遗产，杭州城市发展也坚定不移地从"西湖时代"迈向了"钱塘江时代"，气势磅礴地建起了杭州新城。

从文化景观到历史街区，从文物古迹到地方民居，众多文化遗产都是形成一座城市记忆的历史物证，也是一座城市文化价值的体现。杭州为了把地方传统文化这个大概念，变成一个社会民众易于掌握的清晰认识，将这套丛书概括为城史文化、山水文化、遗迹文化、辞章文化、艺术文化、工艺文化、风俗文化、起居文化、名人文化和思想文化十个系列。尽管这种概括还有可以探讨的地方，但也可以看作是一种务实之举，使市民百姓对地域文化的理解，有一个清晰完整、好读好记的载体。

传统文化和文化传统不是一个概念。传统文化背后蕴含的那些精神价值，才是文化传统。文化传统需要经过学者的研究提炼，将具有传承意义的传统文化提炼成文化传统。杭州与丛书作者在创作方面作了种种古为今用、古今观照的探讨交流，还专门增加了"思想文化系列"，从杭州古代的商业理念、中医思想、教育观念、科技精神等方面，集中挖掘提炼产生于杭州古城历史中灵魂性的文化精粹。这样的安排，是对传统文化内容把握和传播方式的理性思考。

继承传统文化，有一个继承什么和怎样继承的问题。传统文化是百年乃至千年以前的历史遗存，这些遗存的价值，有的已经被现代社会抛弃，也有的需要在新的历史条件下适当转化，唯有把传统文化中这些永恒的基本价值继承下来，才能构成当代社会的文化基石和精神营养。这套丛书定位在"优秀传统文化"上，显然是注意到了这个问题的重要性。在尊重作者写作风格、梳理和讲好"杭州故事"的同时，通过系列专家组、文艺评论组、综合评审组和编辑部、编委会多层面研读，和作者虚心交流，努力去粗取精，古为今用，这种对文化建设工作的敬畏和温情，值得推崇。

人民群众才是传统文化的真正主人。百年以来，中华传统文化受到过几次大的冲击。弘扬优秀传统文化，需要文化人士投身其中，但唯有让大众乐于接受传统文化，文化人士的所有努力才有最终价值。有人说我爱讲"段子"，其实我是在讲故事，希望用生动的语言争取听众。今天我们更重要的使命，是把历史文化前世今生的故事讲给大家听，告诉人们古代文化与现实生活的关系。这套丛书为了达到"轻阅读、易传播"的效果，一改以文史专家为主作为写作团队的习惯做法，邀请省内外作家担任主创团队，组织文史专家、文艺评论家协助把关建言，用历史故事带出传统文化，以细腻的对话和情节蕴含文化传统，辅以音视频等其他传播方式，不失为让传统文化走进千家万户的有益尝试。

中华文化是建立于不同区域文化特质基础之上的。作为中国的文化古都，杭州文化传统中有很多中华文化的典型特征，例如，中国人的自然观主张"天人合一"，相信"人与天地万物为一体"。在古代杭州老百姓的认知里，由于生活在自然天成的山水美景中，由于风调雨顺带来了富庶江南，勤于劳作又使杭州人得以"有闲"，人们较早对自然生态有了独特的敬畏和珍爱的态度。他们爱惜自然之力，善于农作物轮作，注意让生产资料休养生息；珍惜生态之力，精于探索自然天成的生活方式，在烹饪、茶饮、中医、养生等方面做到了天人相通；怜惜劳作之力，长于边劳动，边休闲娱乐和进行民俗、艺术创作，做到生产和生活的和谐统一。如果说"天人合一"是古代思想家们的哲学信仰，那么"亲近山水，讲求品赏"，应该是古代杭州人的生动实践，并成为影响后世的生活理念。

再如，中华文化的另一个特点是不远征、不排外，这体现了它的包容性。儒学对佛学的包容态度也说明了这一点，对来自远方的思想能够宽容接纳。在我们国家的东西南北甚至是偏远地区，老百姓的好客和包容也司空见惯，对异风异俗有一种欣赏的态度。杭州自古以来气候温润、山水秀美的自然条件，以及交通便利、商贾云集的经济优势，使其成为一个人口流动频繁的城市。历史上经历的"永嘉之乱，衣冠南渡"，"安史之乱，流民南移"，特别是"靖康之变，宋廷南迁"，这三次北方人口大迁移，使杭州人对外来文化的包容度较高。自古以来，吴越文化、南宋文化和北方移民文化的浸润，特别是唐宋以后各地商人、各大商帮在杭州的聚集和活动，给杭州商业文化的发展提供了丰富营养，使杭州人既留恋杭州的好山好水，又能用一种相对超脱的眼光，关注和包容家乡之外的社会万象。这种古都文化，也代表了中华文化的包容性特征。

城市文化保护与城市对外开放并不矛盾，反而相辅相成。古今中外的城市，凡是能够吸引人们关注的，都得益于与其他文化的碰撞和交流。现代城市要在对外交往的发展中，进行长期和持久的文化再造，并在再造中创造新的文化。杭州这套丛书，在尽数杭州各色传统文化经典时，有心安排了"古代杭州与国内城市的交往""古代杭州和国外城市的交往"两个选题，一个自古开放的城市形象，就在其中。

"杭州优秀传统文化丛书"团队在传统和现代的结合上，想了很多办法，做了很多努力。传统文化丛书要得到广大读者接受，不是件简单的事。我们已经走在现代化的路上，传统和现代的融合，不容易做好，需要扎扎实实地做，也需要非凡的创造力。因为，文化是城市功能的最高价值，也是城市功能的最终价值。从"功能城市"走向"文化城市"，就是这种质的飞跃的核心理念与终极目标。

2020 年 9 月

（单霁翔，中国文物学会会长）

湖山佳趣图（局部）

目 录

第一辑
披览帝王心迹

002　梅雨缠绵触心事

012　给后世留一套经典儒学教材

022　放飞心情,也过一把隐士瘾

029　朕的湖山,看朕祖孙来装点

037　森森气象,王的胸襟

044　一段梅石佳话,几番"替身"还原

第二辑
寻踪名士屐痕

052　留下"琴台",静候知音

060　春风拂面麦浪滚,僧偈醍醐到此游

067　九折岩前九回肠

074　短暂去留的重游况味

082　武士的人文情怀

090　齐家修身,正风教化后人铭

097　一通残碑,几许浩叹

第三辑
悟证佛国法相

108　秦始皇缆船石的佛缘

116　伤痕累累，默立千年的守望

124　纸上得来终觉浅，那就刻碑上

132　文化信仰的遗存怎一个消除能了

139　仙佛之缘，成也石匠，败也石匠

第四辑
存照文告事件

148　在另一个世界为家族导航

157　六百年前，杭城的一场火灾是怎么熄灭的

165　从乡间蹒跚而来的"浙江第一石"

173　住在景区的豪门新贵们，有钱也不可任性

180　让先驱初心流芳万古

第五辑
跳宕诗意传奇

188　桃花牡丹，一个美丽的错会

196　找寻石林丛中的雅逸韵致

204　御花园的赏月石不是谁都可以刻画的

211　两处显迹，三世情缘

218　喝令怪石上下翻飞的高人在哪

225　一个题壁镇蛇妖，不是官威是正气

232　斑驳苔藓下的隐秘"天书"

第一辑

披览帝王心迹

梅雨缠绵触心事
——凤凰山"忠实"摩崖题刻

"忠实"摩崖题刻,位于杭州凤凰山笤帚湾圣果寺遗址旁,宋高宗赵构书,楷书平列,高92厘米,宽182厘米,字径85厘米,字迹清晰可辨,落款无存。

淅淅沥沥的梅雨着实恼人,居家烦躁,出门不爽,连翻看的南宋史料都有一股黏答答、湿漉漉的味道。

爽性扔开书本,在雨中任性一把,到凤凰山看看宋高宗赵构的"忠实"摩崖题刻,再遥想一番南宋禁苑的风采。

沿凤凰山路上凤凰山,至笤帚湾尽头,西望,朦胧中可见一块大石头突兀路边,"忠实"两个填红大字清晰可辨。走近,辨析笔画、字口,真真是好字好刻工——字体圆润饱满、雍容敦厚,刻工沉着流畅、不疾不徐,线条朴茂高古、铁画银钩,虽历经八百多年风雨战火考验,依然那么"忠实"。

宋高宗为什么要在这里刻下这么两个字?

环顾四周,当年的皇家禁苑渺渺茫茫,"忠实"之旁的圣果寺遗址散落着些础座和残砖碎瓦。当年,这里被改成殿司衙,是御林军的驻扎地,赵构的身家性命全仰仗他们的护卫。可想而知,不够忠实,后果会有多么严重!

似乎有点明白赵构的心思了。

公元1147年，南宋绍兴十七年农历四月初。这一年的梅雨季似乎到得特别早。

细雨洒得到处都湿漉漉、黏答答的。早朝过后，赵构肚子里填满了几位大臣的不满和牢骚，边消化边向御书房走去，尾随的内侍撑着伞趋步追赶着。赵构板着脸，对掀起门帘的宫女视而不见。好不容易换来的安定局面，这才几年，这帮唯恐天下不乱的蠢货就知道一天到晚叫唤打打打！蠢货！一帮蠢货！

坐定之后，赵构的脸色依然阴沉得可以拧出水来。依照经验，宫女沏茶、焚香、展纸、研墨，有条不紊地准备着。室内光线有点昏暗，宫女还在书案两头的烛台上各安了一支蜡烛点上。

许是沉香的作用，赵构的心绪渐渐平复，脸色也柔和起来。他走到案前，挑了根毛笔，试墨后开始抄经。今天抄写《春秋》。

一开始抄经，赵构就沉浸其中，外面的世界仿佛和他无关了。不知不觉已到晌午，隐约间，他听见内侍在小声提醒该用午膳了。

赵构甩了甩有些发酸的手腕，吩咐内侍摆膳。

自登基以来，由于连年征战，巨大的军费开支，加上给金人的岁贡，国家财政一直处于崩溃边缘，虽然推行了经界法，发行了纸币，百姓有了喘息的机会，但金人虎视眈眈，农民起义不断，仍然像一把把利剑悬在空中，威胁着赵宋这半壁江山。赵构每天就像一个救火队员，常常是东挪西借、拆东补西地拼命维持。为缓解财政危机,他身体力行,在公职人员中倡导简约朴素的生活观念,号召人们节俭度日,杜绝奢靡之风。

因此,赵构的午饭很简单,一碗烩面吃饱。

天气阴阴郁郁的,看来这雨没有停歇的意思。饭后,赵构觉得有些犯困,就径直回寝宫休息了。恍惚间,赵构看见一队金兵正在追赶自己,他拼命地跑啊跑啊,途中看见了正在和金兵交手的岳家军,他连声高呼"岳卿家救驾",可没一人应他。转脸,他又看见身后一帮文臣也在跑,他们跑得非常快,超过自己时,只见秦桧朝他笑了笑,阴阴恻恻地。他大呼"秦爱卿,赶紧找来使谈判,答应他们所有条件",可是转眼大臣们就不见踪影了。他仓皇逃到一个村子里,正待喘一口气,让侍臣到村里找点吃的,却见村民都朝自己围过来,他们一个个衣不蔽体、身体瘦弱,却目露凶光,伸着手越来越靠近自己。赵构大叫一声,惊醒了。

帘外小雨淅淅沥沥地下着,赵构在床上愣怔了半天,唤来侍应把湿透了的内衣换下,再继续愣怔。

岳飞被处死已经五年了。实话实说,没有岳家军的忠勇善战,也就没有临安的行在,更别谈《绍兴和议》的签订了。"风霜已寒,征驭良苦。……长江上流一带,缓急之际,全藉卿军照管。"这是朕在被金兵追得四处逃亡时赐岳飞的批札,那些体己的言语,想起来就让朕心里隐隐作痛。也是朕在岳飞心灰意冷之时,连着三封起复诏召岳飞重返战场的。朕需要岳飞。……刚刚登基时,金人可是连投降的机会都不给,他们一路南下直追,自建康而镇江、杭州、越州、明州、定海,直至朕乘船逃入大海。行在,就暂且这么叫着吧。

岳飞死得冤吗？也不冤。金人想要他的命，这个一根筋的家伙还老触碰朕的底线，嚷嚷着想迎徽钦二宗还朝，这不摆明了不把朕放在眼里吗？跟金人赤裸裸地要挟要立钦宗为傀儡皇帝有啥两样？朕也赐了"精忠岳飞"的旗帜算是朝廷对他的肯定。用他的命换来半壁江山，让百姓安居乐业，也算死得其所了。

今天朝堂上那些大臣慷慨激昂要收复河山的陈词滥调，真是愚不可及，愚不可及啊！朕何尝不想恢复大宋江山，可金人答应吗？朕的父兄族人还在金人手中，朕也是饱受流离颠沛之苦，才侥幸逃得一命啊！

金人金人金人，一提起金人，那"搜山检海捉赵构"的口号就在耳边嗡嗡地响，赵构的脊梁骨就发凉，腿就发软。他抬抬有些僵麻的双腿，继续纷乱的思绪。

那些个异心叛乱分子会答应吗？像苗傅、刘正彦之流，他们两个可算是朕的近臣了，直接负责朕的安全保卫工作，想不到就是这两个混球把朕软禁了。他们杀死朕的心腹王渊，让朕交出内侍省押班康履，逼朕退位，强立朕三岁的儿子赵旉为帝，还诏喻海内。若不是朕巧妙周旋，先帝黄袍加身的历史就要重演了。

还有那些因战乱不堪重负的农民，他们吃不上饭就会造反！不能休养生息，就会民不聊生，国将不国，恐怕这半壁江山都岌岌可危啊！

要韬光养晦啊！

还是秦爱卿最懂朕的心思，少说多做，确实帮朕处理了不少国家大事。如今《绍兴和议》已经签署六个年头了，兵权已悉数收归于朝廷，百姓通过休养生息也缓

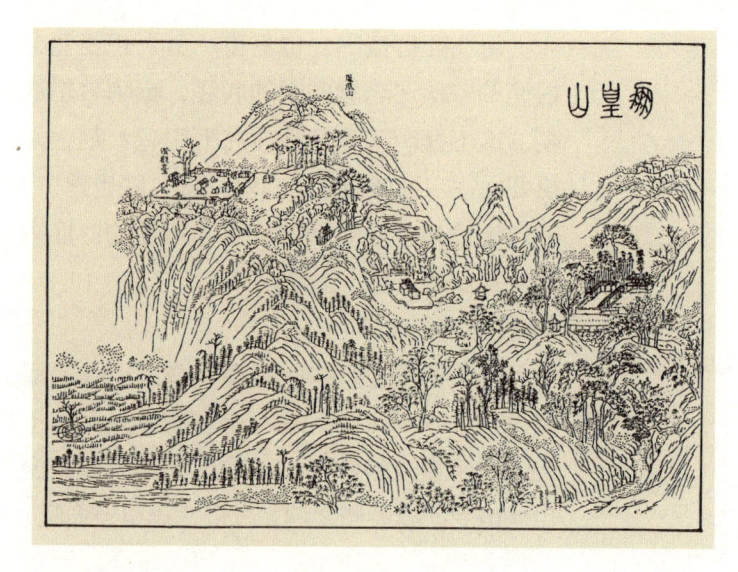

凤凰山

过劲来了。可是,秦桧是真的和朕一条心吗?他拥权自重、结党营私,难道朕真的看不出来?朕只是想借秦桧这股力挡一挡那些没脑子的臣子罢了。

想到梦中秦桧看着他阴恻恻地笑,赵构的后脊梁骨又冒出一股寒气。

还有谁是最忠实最可靠的呢?

朕的吴爱妃?当年逃亡路上,吴爱妃一身戎装、英姿飒爽的迷人风姿,在朕沮丧甚至绝望之时的陪伴和鼓励,让朕颇感欣慰。没有吴爱妃这个红颜知己兼贴身保镖,朕不知道该怎样熬过来。可是,她老是庇护秦桧又让朕心中不快。

逃跑,追赶,阴谋,背叛,忠实,苟安……这几个词在赵构脑子里徘徊良久。他挠着已经半白的头发,整理了一下纷乱的思绪,决定出去走走。

雨似乎小了些，百姓们的叫卖声隐隐透过宫墙，赵构决定往凤凰山上去，到山顶眺望一下钱塘江和西湖的样貌，消消心中的块垒。沿笤帚湾一路上行，守备的御林军见圣上驾到，急忙上前迎驾。赵构没有去殿司衙，只是盯着路边一块突兀的石头愣了会神，便示意侍从们继续上山。

乌鸦在头顶徘徊，叫声似乎让梅雨给淋湿了。

一路过月岩，过御校场（原名将台山，南宋时为皇宫御射校场），到达山顶后，四顾群山江湖，赵构的心情一下好了许多。经过排衙石时，他在吴越王钱镠题刻的诗文前驻足良久。

第二天下午，雨停了。赵构午睡过后让文思院官员叫了玉册官、镌石官一干人又来到殿司衙附近，告诉他们想在路边那块突兀的大石头上刻两个大字。这帮专业人员赶紧围绕这块大石头仔细测量并提出建议，一阵忙乱。之后，赵构又到殿司衙作了一番最高指示。

回宫的路上，赵构忽然想起太宗皇帝的一句话："国家若无外忧，必有内患。"同时，太祖皇帝赵匡胤黄袍加身的画面也不时在眼前出现。

还是一夜睡不踏实。

早朝后，雨停了。听见隐隐传来的市井声，赵构突然想出宫去逛逛北市。轻车简从，穿上便服，悄悄从后门出宫，一路溜达到热闹处。看着路边叫卖的各色小摊，行人不疾不徐的步态，马路边嬉戏的孩童，赵构的脸色渐渐活泛起来，他东瞅瞅西看看，对什么都觉得稀罕，见地摊上有卖蹴鞠的，就让内侍买了几只赠给随行的官员。

回到宫内，赵构径直走向御书房，吩咐内侍把那管很少用的大提斗笔备好，多研些墨汁，准备好六尺整宣，他则在氤氲的沉香中闭目冥思。待一切准备就绪，赵构起身移步案前，握管凝神，蘸墨落笔，一气呵成，"忠实"两个擘窠大字跃然纸上。

一边侍墨的宫女赶紧用废宣纸吸掉字迹上多余的墨汁，并张罗着挂在东壁，在场的侍从和官员先是默不作声地欣赏着，之后是一致山呼："皇上好字！"

这里需要提示一下，宋高宗赵构是书法高手，蝇头小楷、擘窠大字、行书草书都拿得起放得下，不亚于其父宋徽宗。闲暇之余，他就抄经写字，"凡五十年间，非大利害相妨，未始一日舍笔墨"。他不仅提倡全民研习书法，还有很独到的书法理论见解，时不时将自己的

"忠实"摩崖题刻

书法作品赐予臣子，"以书致治"，就是用皇帝亲笔写的书法作品笼络文臣武将，很多臣子以拥有皇上的墨宝为荣。可以说，赵构对南宋书坛的兴盛贡献很大。

一番审视，赵构见写的字没什么大毛病，就题写了落款，着内侍送至文思院，并传了口谕：刻在昨天看好的那块石头上，联要在"天申节"剪彩。

"天申节"是南宋时期依宋高宗赵构的生日而法定的一个节日，自建炎元年（1127）五月开始，每年都过。

宋高宗的生日是农历五月二十一日，还有一个多月的时间。

领命后的文思院负责人赶紧召集玉册官、镌石官、金字官、彩画官开会布置任务，并选良辰吉日焚香祭天地、拜山神，之后凿石、磨石、书丹，镌刻，一道工序接着一道工序，有条不紊地进行着。

梅雨还在没完没了地下着，赵构照例每天还要应付那些多事的官员，提防那些阴险的权臣，同时和皇后一起督刻石经，不时也到现场看看那两个字刻到啥程度了。

很快，五月二十一日到了。这天是赵构四十岁生日，恰好也是赵构登基二十周年。

早在半个月之前，赵构就下令不许大操大办，大家都知道皇帝提倡节俭，宫里也就就坡骑驴，按惯例举行了个仪式，先是百官准备好祝寿词和寿礼上殿祝贺，再就是儿童仪仗献花、游戏，待庆生仪式完毕，赵构率群臣来到早已完工的"忠实"题刻前，集体举行了剪彩仪式。

关于这两个字还有一首诗："忠实如何似我心，我心不变汝何能。钱塘江水虽无尽，尚有晴枯未必深。"据史料记载这是钱兆元写的，也有人说是赵构写的，是对"忠实"题刻的注解。

若干年后，一位抱有复国之志的知州邱岳见"忠实"题刻在风雨中日渐暗淡，便在其上修建了一座小亭，取名"忠实亭"，为题刻挡风遮雨。

恼人的梅雨仍然下个不停，南宋皇宫内的亭台楼阁、宫门殿宇早已了无踪迹，只有这个"忠实"题刻依然忠实地默守在原地，留下一些个谜题。

在"忠实"的左下角，有一块小长方形的空缺，应该是落款被凿掉了，现在没人知道这个落款是什么字，是"御笔"？"御书"？"御书院题"还是"赵构御书"？有日期没有？被凿掉的落款是用哪种字体题写的？

岁月失语，石亦不言。

参考文献：

1.〔元〕脱脱等撰：《宋史·本纪第二十四·高宗一》，中华书局，1977年。

2.金志敏：《杭州凤凰山摩崖萃编》，西泠印社出版社，2014年。

3.虞云国：《南渡君臣：宋高宗及其时代》，上海人民出版社，2019年。

4.任江：《略论唐宋玉册官制度——以碑志资料为中心》，《四川文物》2007年第6期。

给后世留一套经典儒学教材
——杭州碑林《南宋太学石经》

《南宋太学石经》由宋高宗赵构与皇后吴氏写成，是全国现存石经中唯一由皇帝御笔亲书的石经。石经原立于南宋仁和县学，明正德十三年（1518）连同宋高宗御题《圣贤图赞画像》刻石、宋理宗《道统十三赞》等南宋古物一并移入杭州府学。现存于杭州孔庙（碑林）。

教室里阳光明媚。我用自编教材给孩子们讲《诗经》。

我说：其实，古人的经典读本是很奢侈的。比如南宋时，学子们读的经书都是皇帝亲手写好，再刻在石头上，然后拓下来，装订好分发下去让他们攻读，这既是标准经典读本，又是临习书法的好字帖。

这时，一位学生提问：老师，照着经典抄写一遍不就得了，还要劳烦皇帝抄一遍，再劳烦石匠刻一遍，多费事呀！这皇帝当得也是辛苦。

我回答：把经书刻在石头上，那是因为一来历史上有传承；二来石头不怕水蚀、虫蛀、火烧，保存时间长；三来拓本不会因为抄写过程中写错造成以讹传讹，是标准的由中央统一把关的教科书。抄经书的任务由皇帝来担当，最主要是南宋的高宗皇帝的个人爱好。

问：那刻在石头上的经书应该有好多吧？

答：历史记载的确有不少，但留到今天的也不多了，保存完整的更少。石经大致可分为儒学经典和佛道典籍，

《南宋太学石经》或者叫《南宋御书石经》就是儒学经典。把儒学经典刻在石头上作为石经流传后世是从东汉晚期开始的，之后曹魏、唐、后蜀、宋、清都有刊刻。

问：儒学经典的石经是不是都是由皇帝主持刊刻的？现在能见到多少部？

答：可以这么理解。历代统治者都注重儒学典籍与当朝统治思想的统一，有的皇帝主持修书，将经典著作修订编辑成册，如明朝的《永乐大典》；有的皇帝修订经典后找名家书写，再让精工良匠刻在石头上，后人通过拓本读经，也就不会有讹误了。因为这些儒学典籍石经是皇家主持刊刻，供太学生学习用的，有人干脆都称为"太学石经"。用现在的话来说，这些都属于统编教材。现在，我们能见到的儒学石经有七部，分别是《熹平石经》《正始石经》《开成石经》《广政石经》《嘉祐石经》《南宋太学石经》《乾隆石经》。

问：厉害！石经都是书法高手写的吧？是不是只有《南宋太学石经》是由皇帝亲笔书写的？

答：是的。历代统治者都把经书典籍作为教科书，因此非常重视。南宋高宗赵构书法了得，也很勤奋，抄写了好多儒学典籍，他的皇后吴氏见赵构操心国事，抄经辛苦，就学习赵构的笔法，和他一起抄经。《南宋太学石经》实际上是高宗和吴皇后夫妻两个一起抄写的，刻石一百三十多块，三十多万字。宋高宗的书法笔法洒脱婉丽，颇得晋人神韵，历代文人书法家都很推崇。

问：《南宋太学石经》现在保存还完整吗？历经近千年，一定有故事。

答：《南宋太学石经》现在还保留有 85 块，保存在杭州孔庙的石经阁内。

难得有这样的好学弟子，我的心情也明媚如洗，仿佛走进了南宋太学。

南宋绍兴十二年（1142）腊月，经秦桧等诸位大臣上书提议，赵构同意将岳飞府邸改为国子监太学。

绍兴十三年（1143），正月十五刚过，杭城的年味儿还未散去，正月十五雪打灯的丰年愿景还在规划中若隐若现。这时，宋高宗赵构颁布诏令："诏以钱塘县西岳飞宅为国子监太学。"

这道诏令可以说是令人"欣忧参半"。欣的是，国子监太学的办学场地、硬件设施等能得到很大改善，太学生们有了更好的学习环境；忧的是岳飞尸骨未寒，家宅就被充公办学，一些主战派或者和岳飞关系密切的人心中的担忧和恐惧不时会冒出头来。

但时光不管这些，它像一台不停打包的机器，尽数把那些个愉快担忧收拾进它的收纳袋中，不容你多停留一会儿。

转眼到了七月份，太学改扩建工程完工，择吉日开学。

典礼毕，赵构携秦桧等大臣兴致勃勃地参观了新太学，看着一个个从临安府学迁来的和新招的"太学生"，赵构畅想着重构儒家文化思想的宏愿，欣然为书阁赐墨"首善"。一旁的秦桧看见赵构兴致如此之高，在一旁恭维道："以官家的勤敏和智慧，一定会办成史上第一流的太学，培养出众多的鸿儒学士、忠良之材。"

其实，秦桧最擅长揣摩赵构的心思了，每有建言，基本上都能正中高宗的下怀。这次提议把岳飞老宅改为太学，秦桧是花了一番心思的。他很了解赵构和议后维稳的迫切心情和处死岳飞后的愧疚心理。要解决赵构心中的不痛快，还得从源头入手，来个彻底解决，于是就出头联络了几位大臣上书提议。赵构当然也明白秦桧们的用心，他为了让自己心安，便欣然接纳了。高宗也多次和支持他的大臣们谈自己的治国理念和心中忧虑，谈"帝王之学"和"士大夫之学"的区别，想得到他们的理解、拥护以及忠诚。

当时，绍兴和议签订不久，各路义军纷纷解散，尽管兵权都已收归朝廷，金人也承认了南宋的版图和国号，赵构的心腹大患暂时解除了，但一些主战派仍然嚷嚷着要北上抗金、收复失地。这时，赵构急需一个稳定的秩序，要为自己打造明君的形象，因此，他要抑武兴文、崇儒重道，要让主战派看到他的治世决心——岳家老宅都变成太学了，谁再嚷嚷打仗，就把谁的家宅变成学校！

秦桧也深知赵构对自己的倚重和忌惮，他要赵构离不开自己，因此接连抛出精心准备的后手。

回宫后，秦桧一直思谋着怎样才能更得高宗的信任，就到吴贵妃处请安。吴贵妃就是后来的吴皇后。她和秦桧谈起抄经之事，说每每高宗抄经到手腕酸痛或者有政务要处理中断抄经时，她就帮着继续抄写。说着，她拿起抄写的经卷让秦桧辨别哪些是高宗写的，哪些是她写的。秦桧分辨不出，便连连夸赞吴贵妃是"深得晋人风骨之真髓，字迹让人难以分辨，有贵妃这样的贤内助，官家定能实现重构儒家文化思想的宏愿"，直夸得吴贵妃心里舒畅无比。

吴贵妃是秦桧介绍给赵构的。当年逃亡海上时，她伴随赵构左右，勤王护驾，其敏捷的身手和英姿飒爽的气质深得赵构宠爱，从金人手中接回的赵构的母亲韦太后的起居饮食也多由吴贵妃照顾。吴贵妃的周到体贴深得韦太后喜爱，赵构看在眼里，打心眼里高兴，思谋着找个吉日，立她为皇后。

这一次请安，让秦桧再一次找到了着手处。

绍兴十三年，吴贵妃被册立为皇后。当年十一月，在赵构抄完《尚书》后的两天，秦桧适时递上奏章，提议将皇帝和皇后所抄经卷全部刻石并放在国子监和太学内，墨本赐诸路州学。这样做，一来可以让天下学子得以欣赏到天子的书法之妙，并从中获得教益；二来可以由此让天下学子得知皇家对儒家经典推崇备至、勤学不倦，足为学子们学习效仿的榜样。赵构御览后非常赞同，立马准奏，命秦桧全权负责。

领旨后，秦桧迅速在太学举办了一个启动仪式，重新组织优良工匠，将之前已经刻好的和正在镌刻的御书经卷全部统一管理，先刻好的立于太学首善阁，之后刻好的立在大成殿后三礼堂的廊庑中。

赵构和吴皇后边抄经，边校订，直到通读一遍准确无误后，才交到太学这边书丹、上石。

秦桧把御书经卷刻石当成一项重要的政治任务，每每收到皇帝抄完送到太学的经卷，他都要重新细读一遍，再写一篇内容大体一致的颂扬碑记附在经文之后，称高宗此举实乃集君王与师尊于一身的典范和楷模，其良苦用心可见一斑。

赵构和吴皇后抄写的经卷用的都是小楷，要一页页地照原样描红上石，再不走样地刻出来，还真得花不少功夫。制碑的石匠们严格按照流程，一丝不苟地描摹凿刻。每完成一通碑，太学这边都会通报秦桧，秦桧再禀告高宗。得空，赵构和吴皇后就会到碑刻现场观摩、视察一番。赵构很享受这个抄经上石的过程，不知不觉便延长了抄写经卷的时间，一直到绍兴十六年（1146）方告一段落。在这几年里，秦桧先后完成了《周易》《尚书》《毛诗》《春秋左传》《论语》《孟子》《孝经》等七部经典御书的上石工程。

其实，赵构对抄经书"上瘾"，除去爱好，是有他的政治考量的。早在建炎二年（1128），赵构就摘要《论语》《孟子》，写在寝宫的锦屏上。多年来，他时常赐御书经卷给辅臣学子，告诫他们"学写字不如便写经书，不惟可以学字，又得经书不忘"。无论在戎马倥偬的岁月中，还是退休做太上皇的日子里，赵构都没停止过抄写经书，他常把御赐墨宝当成激励辅臣的一个政治工具，文臣如黄潜善、赵鼎、沈与求、张浚、秦桧、李刚等，武将如岳飞、韩世忠等都得到过赵构御赐的墨宝经卷。他要通过御赐墨宝，传承太宗朝以来"以书致治"的政治文化，同时传达自己的统治思想和治世理念。

绍兴三十二年（1162），当了三十五年皇帝的赵构退休做了太上皇，其子赵昚上位，是为宋孝宗。这位皇帝一方面为表孝心，另一方面为将一脉相承的儒家统治思想发扬光大，便于淳熙四年（1177）三月专门下诏在太学建造楼阁，安放石经。不到三个月，临安知府赵磻老就将这项工程完成了，并奏请宋孝宗，一并将太上皇赵构御书未刻石的《礼记》之《中庸》《大学》《学记》《儒行》《经解》五篇集齐，"重行摹勒，以补礼经之阙"。这个建议得到宋孝宗的准许。六月十三日，宋孝宗亲书"光尧御书石经阁"题榜，命国子监负责人立即刻好牌匾挂起。"光尧阁"楼下放石经，楼上藏拓本。至此，御书石经统一规藏，有了一个完美的归宿。

从南宋绍兴十三年一直到元代至元年间（1264—1294），一百五十余年来，《南宋太学石经》一直安放在太学中，太学及各州学的学子们习字读经的儒家经典大都是太学石经的拓本，如果谁能有一套高宗御赐的手书本，那就极其珍贵了。太学石经的作用不仅仅在于为学子们提供学习材料，理学大儒朱熹在编著《四书集注》时也借鉴了太学石经的相关内容，借此培养了大批学者，奠定了宋明理学的基础。

可惜的是，到了元朝时，统治者想要尽快消灭赵宋的运脉，烧毁了许多珍贵和重要的建筑，大量文物损毁丢失，太学石经也差一点毁在被元世祖忽必烈任命为"江南释教都总统"的西域僧人杨琏真加手里。让人欣慰的是，这个挖皇陵、盗国宝、毁文物的恶僧，不知道是不是那天心情特别好，还真听了一位叫申屠致远的杭州官员的劝阻，放弃了用《南宋太学石经》当基石修庙建塔的想法。几年后，杨琏真加因为宰相桑哥的事被牵连，家产全被充公，没多久就死了。

此后的一百多年里，虽然儒学遭禁，战乱频仍，但在杭州诸多颇具情怀的地方官员和儒学之士的保护下，大部分《南宋太学石经》得以保全。

明宣德初，监察御史吴讷巡按浙江。到任杭州后，他在杭州学府（原南宋太学）见到部分散失漫漶的太学石经，十分痛心，专门嘱咐杭州知府卢玉润，尽快将破损缺失的石经收集整理出来。卢知府安排专人总共归拢收集了一百多通石经，修补后放在孔庙大成殿后及两庑

第一辑 披览帝王心迹

《南宋太学石经》拓片（局部）

中。吴讷对这些御书石经爱护有加，细心呵护，一一检查，确定无遗漏之后，便专门撰写了《石经歌》，刻成石碑，与石经放在一起，以示后人。后人读到《石经歌》，依然可以想象当时收集整理残碑的情景，体会吴讷的良苦用心。

在诸多儒学石经中，《南宋太学石经》对后世的影响最大。它是皇帝御笔亲书，而且宋高宗的书法了得，在为后人提供教科书的同时，还提供了精妙的书法字帖。明朝的大学士杨一清推崇《南宋太学石经》拓本"精丽有法"；大书画家文徵明得知好友唐伯虎藏有《南宋太学石经》拓本后，专门借来阅读临习，"借留斋中累月"，爱不释手。一直到清代，乾隆在全国倡导学书法、读经典，仍以《南宋太学石经》为范本，以至于到杭州府学摹拓太学石经的文人学子络绎不绝，出现"一字万人摹"的场景。当时，许多人以《南宋太学石经》拓本为珍贵高雅的礼品赠送给外地师友。

在此后近两百年的岁月里，《南宋太学石经》几经战乱迁徙，至民国初还剩八十五通。

有时间，不妨到西湖边，到杭州孔庙石经阁一睹《南宋太学石经》真容，说不定还能淘到旧版拓本当教科书。

参考文献：

1. 杜正贤：《杭州孔庙》，西泠印社出版社，2009年。
2. 杨树坤：《帝王心事：南宋御书石经政治意图举隅》，《史学理论和史学史学刊》2017年第1期。
3. 陈光熙、陈进：《南宋石经考述》，《浙江学刊》1998年第1期。
4. 陈进、卢英振：《〈南宋太学石经〉的核心价值》，《中国孔庙保护协会第12届年会论文集》，2011年。

放飞心情，也过一把隐士瘾
——孤山林逋墓《舞鹤赋》碑刻

《舞鹤赋》碑刻在西湖孤山林和靖墓旁放鹤亭内，高240厘米，宽75厘米，由4块竖条石组成。自右往左24行直排，行书，共445字。文为清康熙临董其昌书、鲍照作的《舞鹤赋》。

坐在拍卖行的椅子上，台上在竞拍《康熙临摹〈舞鹤赋〉碑刻四条屏》民国拓本。拓本字迹清晰，康熙临摹董其昌笔意很到位，下笔如行云流水，似乎比董其昌的原作还多了几分逸致。我在想，康熙当年临摹董其昌书帖《舞鹤赋》一共有多少次？为什么单单对董其昌的这篇墨帖情有独钟？临摹后刻成石碑，立在爱鹤如子的林和靖墓前，也算"钟"得其所吧。康熙立此碑时四十五岁，年富力强，东征西战，声名正旺，怎么就崇拜上林逋这个"不思进取"、只想逃避隐藏起来的隐逸之士呢？记得法国作家福楼拜的《包法利夫人》中有这么一句话："每一个微笑的背后，都有一个厌倦的哈欠。"换位思考一下，也许便能体会些许一位强势皇帝望峰息心的逃逸心迹吧。

康熙皇帝第二次南巡至杭州时，就相上了西湖边的孤山这块宝地。这是在康熙二十八年（1689）春二月，西湖边上柳丝摇曳，春燕呢喃，从灵隐寺出来的康熙帝在近臣高士奇的引领下沿西湖观览。

在灵隐寺，康熙有点走神，差点出糗。住持谛晖见皇帝来了，机会千载难逢，请求留下御书墨宝，康熙想了一下就提笔写下了雨字头，本来要写"灵隐禅寺"，"灵"的繁体字是"靈"，结果雨字头过大，灵字下面的三个"口"字、一个"巫"字就写不下了。皇帝御书，总不能写错别字吧，一时间场面非常尴尬。站在一旁的高士奇见状，急忙在手心写了"云林"二字，康熙神会，于是就御题了"云林禅寺"四字。此刻，灵隐寺外树影幢幢，山间云烟淡淡，几缕阳光照进寺内，山幽寺静，"云林"二字倒也十分贴切。众僧及随从官员连称妙题，灵隐寺从此有了个别名任由大家演绎。

高士奇是杭州人，深得康熙信任，这次南巡驻跸杭州，就专门让他陪驾引路，灵隐寺解围一事更让康熙非常赞许。当高士奇介绍行经的孤山时，康熙特意留驻了片刻。他见孤山周围碧波环绕，山上绿意渐浓，亭台楼阁错落别致，便随口问高士奇："这就是白居易写的'孤山寺北贾亭西，水面初平云脚低'的孤山？"高士奇回说："是的，现在是仲春之季，梅花开得正盛呢。"高士奇说的

放鹤亭内的《舞鹤赋》

正是孤山上林和靖墓周围栽种的那许多梅树。

林和靖,名逋,字君复,"和靖"是北宋宋仁宗赐的谥号。他是北宋时期著名的隐逸诗人,其《山园小梅》诗中"疏影横斜水清浅,暗香浮动月黄昏"句被世人称为是状写梅花的绝唱。康熙便饶有兴致地问:"是不是那个娶梅花做老婆,养仙鹤当儿子的林逋林和靖种的梅?"高士奇和一帮陪同的地方官员连连称是。康熙来了兴致,决定到林逋墓前一拜。

康熙虽然是马背上的民族的后代,但对中国传统儒家文化十分推崇,众官员只当是皇帝想效仿古人释放一把文人情怀,又有几人能窥见他征边、巡河、阅兵、整肃吏治之后那一丝的倦怠和逃离?

康熙时年三十五岁,正雄心勃勃地大展拳脚,开疆拓土,平定叛乱,稳定四边,声望如日中天。

回到京城后,康熙收拾心情,处理政务,安定边事,和俄国签订《尼布楚条约》,征服准格尔部,处理后宫和家族矛盾,一晃十年过去了。闲暇之余,便读读书,写写字,偶尔画两笔。

康熙喜欢董其昌的书法,经常读帖临习。冬日的一天,阳光照得人暖暖的。康熙和几位近臣正围炉比较米芾、倪元璐和董其昌《舞鹤赋》各自的特点和优劣,话题聊到鲍照,聊到诗赋,聊到高士奇。突然,康熙想起了高士奇的西溪别墅,想起了西湖边的孤山,想起了那个"梅妻鹤子"林和靖。想着想着,康熙将《舞鹤赋》中鹤的意象和林和靖养的两只鹤叠加在了一起。

《舞鹤赋》是南朝宋文学家鲍照写的一篇赋,生动地

描绘了鹤那美丽动人的形象和迷人的歌舞才能。这里辑录《舞鹤赋》全文,以飨读者:

散幽经以验物,伟胎化之仙禽。钟浮旷之藻质,抱清迥之明心。指蓬壶而翻翰,望昆阆而扬音。澘日域以回骛,穷天步而高寻。践神区其既远,积灵祀而方多。精含丹而星曜,顶凝紫而烟华。引圆吭之纤婉,顿修趾之洪姱。叠霜毛而弄影,振玉羽而临霞。朝戏于芝田,夕饮乎瑶池。厌江海而游泽,掩云罗而见羁。去帝乡之岑寂,归人寰之喧卑。岁峥嵘而愁暮,心惆怅而哀离。

于是穷阴杀节,急景凋年。骫沙振野,箕风动天。严严苦雾,皎皎悲泉。冰塞长河,雪满群山。既而氛昏夜歇,景物澄廓。星翻汉回,晓月将落。感寒鸡之早晨,怜霜雁之违漠。临惊风之萧条,对流光之照灼。唳清响于丹墀,舞飞容于金阁。始连轩以凤跄,终宛转而龙跃。踯躅徘徊,振迅腾摧。惊身蓬集,矫翅雪飞。离纲别赴,合绪相依。将兴中止,若往而归。飒沓矜顾,迁延迟暮。逸翮后尘,翱翥先路。指会规翔,临岐矩步。态有遗妍,貌无停趣。奔机逗节,角睐分形。长扬缓骛,并翼连声。轻迹凌乱,浮影交横。众变繁姿,参差洊密。烟交雾凝,若无毛质。风去雨还,不可谈悉。既散魂而荡目,迷不知其所之。忽星离而云罢,整神容而自持。仰天居之崇绝,更惆怅以惊思。

当是时也,燕姬色沮,巴童心耻。巾拂两停,丸剑双止。虽邯郸其敢伦,岂阳阿之能拟。入卫国而乘轩,出吴都而倾市。守驯养于千龄,结长悲于万里。

座谈散后，康熙临习了一遍董其昌的《舞鹤赋》帖子后便休息去了。

第二天，康熙想找个近臣聊聊天，说说闲话，因为高士奇告老还乡，康熙觉得身边似乎少了个知己。他又想起上次南巡住在西溪高士奇的别墅里的场景，想起西湖，想起孤山林和靖，于是决定再次南巡。

康熙三十八年（1699）正月，康熙发布南巡诏旨：一切供给，由京备办，勿扰民间。二月，起銮出发。

这次南巡，康熙特意带了董其昌的《舞鹤赋》和其他一些字帖，通知在杭州养老的高士奇到时接驾。三月，视察完黄河堤防，康熙到了杭州，先是检阅校场驻军，兴致勃勃地与随同的皇子参加了驻军组织的骑射比赛，之后以吴山脚下的杭州织造府为行宫。康熙把自己关在行宫书房里，一整天不让人打扰，极其用心地临写了董其昌的《舞鹤赋》。反复多次审阅，康熙对这次临习非常满意，随后吩咐侍墨先盖上一枚圆形的"万岁作暇"印，后盖上"康熙御笔之宝"，让高士奇找杭州最好的碑刻工匠摹刻上石。

然后叫上高士奇，去孤山。

康熙到孤山没带多少随从。一路游来，走走停停。绕林和靖墓转了三圈，拜祭过后，康熙指着几年前建的放鹤亭说："石碑就立在这里吧。"随从人员记下后，又陪康熙把孤山游览了个遍。

康熙这次游览孤山其实还有点小私心。杭州织造府虽然看着金碧辉煌、万物齐备，但住着总觉得不舒服，他曾和近臣提过在西湖边再造一处行宫的想法，可以一开窗户就见湖水，只休闲不办公，这次游孤山就带着考察选址的意思。自八岁登基，康熙当了三十八年的皇帝，在这个位置上操碎了心，也该学学林和靖，种种梅，养养鹤，喂喂鹿，写写字，赋赋诗，过一过快意的隐逸文人生活了。

其实康熙的这个小心思，高士奇早有了解，他希望能助康熙实现这个愿望。康熙第一次南巡杭州后，高士奇就向杭州的地方官们透露圣上喜欢孤山这块地方的消息了，所以杭州的地方官也早已配合内务府着手在孤山规划建造行宫了。这次出游将行宫的选址选定后，建造工作很快就开始了。

西湖行宫建成后，人们为方便与织造府行宫区别开来，干脆称织造府行宫为内宫，西湖行宫为外宫。

林和靖手植的梅树和墓园就在西湖行宫墙外。

接下来的几年里，康熙的南巡便频繁起来。

康熙四十一年（1702）九月，康熙再次准备南巡，但刚到山东德州，因跟随的皇太子胤礽生病，这次出行未到半途就中断了。

康熙四十二年（1703）二月十五日，康熙南巡至杭州，检阅驻军后仅作短暂停留。

康熙四十四年（1705），夏四月初三午时，龙舟到了杭州拱宸桥北关码头，一行住进织造府行宫。由于天气比较炎热，康熙感到不太舒适，就派杭协城守营千总张一富星夜往苏州取冰。其间，康熙出其不意地召集杭州部分官员和乡绅于四月初六日到织造府行宫，给他们出了一个"野望湖边远"的诗题。他们的诗作经阅卷大臣审阅后,康熙还亲自点评。之后,康熙还写下二十多幅墨宝,赏赐给御试成绩较好的地方官员和士绅。

初八午刻,康熙、皇太子、宫眷等出织造府行宫,出涌金门到西湖乘船,在游览了岳坟、玉泉、天竺、灵隐和湖心亭后,住在了西湖行宫。这次在西湖行宫虽然没待多久,但康熙那不安的神魂似乎得到了些许安慰。

康熙四十六年(1707)四月初二,康熙再次南巡至杭州,直接住进了西湖行宫。月下,他临写的《舞鹤赋》碑刻静静地立在林和靖墓旁。朦胧中,他看见林和靖牵着两只鹤儿子翩翩起舞,如同《舞鹤赋》里描绘的鹤的舞姿。康熙的心情随鹤的舞姿飞扬,什么皇权天下,什么皇子争位,统统随风去吧。

御书房的书桌上放了一本打开的苏轼诗文集,这一页里是苏轼的一首《行香子·述怀》:

几时归去,作个闲人。对一张琴,一壶酒,一溪云。

隐逸文化的疗愈功能,对康熙这样的帝王同样有效。

参考文献:

〔清〕赵尔巽等撰:《清史稿》,中华书局,1998年。

朕的湖山，看朕祖孙来装点
——"西湖十景碑"题刻

康熙的"西湖十景碑"题刻分别是：苏堤春晓、平湖秋月、断桥残雪、曲院风荷、花港观鱼、柳浪闻莺、三潭印月、双峰插云、南屏晚钟、雷峰夕照。

西湖十景初成于南宋时期，基本围绕西湖分布，或位于湖上。西湖十景各擅其胜，景名两两相对，组合在一起又能代表西湖胜景的精华。康熙南巡来杭州时亲笔为西湖十景题字并刻碑，现在立在西湖边的"苏堤春晓"碑是仅存的三块原碑之一。

早想骑自行车沿西湖体验西湖十景，这次终于如愿。

沿西湖南岸骑行至净慈寺，只见山门左右两边各有一座碑亭，里面各立着一块石碑，左边是康熙御题的"南屏晚钟"，右边是乾隆的御题诗刻。诗刻碑四面均是乾隆为"南屏晚钟"题的诗，正面那首是："净慈掩映对南屏，断续蒲牢入夜声。却忆姑苏城外泊，寒山听得正三更。"

隔着南山路，雷峰塔在夕阳中穿着新衣服等摄影师拍照。净慈寺的晚钟也在结束了一天的喧嚣后等待夜幕降临。

雷峰夕照，南屏晚钟，西湖十景中的二景可在同一个时辰欣赏，也算惬意。

欣赏西湖十景，每个景点的标志碑刻是绝对不能忽略的，那可是景点的坐标。最主要的是，十景碑刻用的还是康熙时的御题，皇帝书法加上美景，那才叫到位。可惜的是，大多数碑刻已毁损，现在我们见到的多是仿制品。

有人告诉我"南屏晚钟"的碑刻是原件。可令我困惑的是，资料记载康熙原来是把"南屏晚钟"改为"南屏晓钟"的，他认为入夜后浊气重，经过一晚上的消散，早上空气清新，钟声乍响，悠扬入云天，可以令人一整天都神清气爽。可是，立在眼前的御刻石碑上真真切切地刻着"南屏晚钟"四个字，围栏围着，小亭盖着，着实令人纠结。天色渐晚，净慈寺钟声响起，悠扬悦耳融

南屏晚钟

入暗红色的夜幕中，四周仍有车流人潮。可能是康熙当年在此一早醒来，闻听钟声并没有觉得神清气爽，说不定是有人通报在京城的几位皇子因为没能随驾南巡正互相埋怨打架呢，于是干脆沿用了旧题。又有人告诉我，是杭州人偏爱晚钟，悄悄模仿康熙的笔迹，把"晓"字换成了"晚"字。"南屏晚钟"康熙御题的左下方有一段文字："总督福建浙江等处地方军务兼理粮饷兵部右侍郎兼都察院右副都御史臣郭世隆，巡抚浙江等处地方提督军务都察院右副都御史加二级臣张敏，日讲官起居注詹事府詹事兼翰林院侍读学士加五级臣高士奇恭摹。"据说，康熙知道后，无奈地笑着摇了摇头，从此再没到杭州来。

如今我们所看到的石碑是 2002 年按原尺寸、原碑字迹的拓片重刻的。乾隆的御题诗碑也是摹刻的。

康熙乾隆这对爷孙见了也要真的纠结了。

不管如何说，康熙还是很喜欢杭州的。虽然一生只在南巡时到过几次，每次住的时间也不长，但每次到杭州，他都能感受到杭州的独特个性，心生欢喜。

康熙也自问过，究竟是什么东西吸引自己呢？是杭州的雅致还是西湖的风流？是百姓从容不迫的日常，还是对生活的精致追求？是小楼一夜听春雨的静默，还是深巷叫卖杏花声的热闹？是白居易、苏东坡等几位有作为太守的佳话，还是岳飞、于谦墓的肃穆？抑或是林和靖的梅花仙鹤以及众多寺庙的隐逸钟声？难不成是因为朕的老师高士奇是杭州人？

很难说清楚。总之来到杭州，就是有一种用套马杆套住野马般的喜欢。

康熙有时也很羡慕南宋的皇帝，寓居在这么个江南形胜之地一百多年，发展经济，发展文化，极尽精致奢华的物质和精神享受。想想自己，一生都在开疆拓土，平叛镇反，勘破权斗阴谋，看上去威风八面，可总觉得还缺少点东西。缺少什么呢？对，是趣味，是南宋皇家和臣民留下来的趣味，或者说是文化。

得恶补上这一课。

杭州是朕的，杭州的湖山是朕的，让朕来装点一番。

康熙三十八年（1699），康熙第三次南巡，于三月到了杭州。他遍览西湖山水后，让人找来南宋宫廷画师们画的西湖风景图，反复观摩研究。他决定重新打造西湖十景，给每一个景点都题字刻石，让杭州人每天都能看见自己的字，体会自己的心情。

《梦粱录》记载的南宋西湖十景名是这样：苏堤春晓、麴院荷风、平湖秋月、断桥残雪、柳浪闻莺、花港观鱼、雷峰落照、两峰插云、南屏晚钟、西湖三塔。

康熙反复斟酌："麴院"是南宋皇家酒坊名，有纪念之嫌，也太没诗意了，干脆改为"曲院风荷"；"南屏晚钟"，晚钟哪有晨钟发人深省，况且也不符合寺庙晨钟暮鼓的规矩，改为"南屏晓钟"；"雷峰落照"，"落"字太容易让人联想起消沉的事物，改为"雷峰夕照"；"两峰插云"，"两"字各自独立，分明有不团结之嫌，"双"字互相扶持，彰显融合，改为"双峰插云"；至于"西湖三塔"，宋人画上多题的"三潭印月"款就很有诗情画意，就用此名。

康熙斟酌一番后，南宋西湖十景名改了四个，换了

苏堤春晓

一个，看看题写也还满意，就命人拿去刻石立碑了。

康熙给西湖十景改名立碑，看似轻描淡写，实则另有深意。南明彻底被平定只不过三十几年，"明史案"的余波亦在，江南看似平定但人心不定，杭州遗民们的内心还没有顺服，西湖边的岳飞、于谦、张苍水的墓似乎在提醒他们莫忘前朝。

"既然江南以文化著称，朕就用文化来彻底'征服'你们，也让你们看看朕的文学功底。'花港观鱼'的'鱼'字下面是四点，朕就写成三点，知道为什么吗？四点是火，三点是水，我佛慈悲，鱼应该在水里，怎么能在火上烤！朕很尊重文化，改的每一个字都是有意义的。要不朕来考考你们，'野望湖边远'，作诗，朕亲自点评，怎么样？不是有个叫董说的胆小文人喜欢前朝的古碑，可又害怕当朝的权威，只敢半夜起来到野地里摸古碑过瘾吗？

朕要的就是这效果。"

如果说康熙是在"征服"的"快感"中喜欢着杭州的话，乾隆就是在"两情相悦"中钟情于杭州的。

乾隆爱杭州爱得潇洒，爱得毫无顾忌，爱到看不够想要带走的地步。

从乾隆十六年到乾隆四十九年（1784），乾隆共六次南巡，每次都到杭州，每次都要给西湖写诗。自乾隆十六年首次下江南作《题西湖十景》始，每次路过西湖，均有对这十处美景的题诗，分为叠作旧韵、再叠、三叠、四叠、五叠，共六次。他为西湖作的诗数不清有多少首。爷爷康熙御题西湖十景碑，乾隆写的诗刻满碑阴不够，还得把剩余的两面全刻满；实景地不敢和爷爷康熙争，就在画着西湖美景的画上题诗。乾隆三十年（1765），他又嫌丹书画册题写不过瘾，就用青玉制成《乾隆帝御题西湖十景诗册》，一景一片，一片一诗。玉册题诗还不过瘾，就亲手御制《西湖图》。

画西湖，不能少了这座小岛——他曾游幸过的湖心亭。在岛上，有乾隆的浪漫与邂逅。每每看到这幅画，他就会想到湖心亭上亲书的"虫二"碑刻，想到西湖的"风月无边"……亭中小家碧玉问：这"虫二"是什么意思呀？乾隆笑：这虫二就是有两条虫挠得人心里好痒痒。又问：这虫上面怎么还有一撇呀？乾隆回答：这虫也是我大清子民，头上有根长辫子呀！这时，乾隆沉浸在想象和回忆中，满脑的西湖美景，满眼的娉婷美女，恨不得就长住杭州，尽纳怀中。乾隆召集宫廷的御用画师们，都来画心目中的西湖，没到过西湖的，就临摹宋人的画，甚至可以把京城周边景致想象成是杭州西湖。这样还不过瘾，他还身穿汉服，打扮成宋朝文士的样子出现在《弘

〔清〕董诰《西湖十景图册·苏堤春晓》

历鉴古图》中。更有趣的是,《弘历鉴古图》中有一幅临摹的清宫旧藏的宋人册页,摹本将原图中的文士改成了乾隆的样子,如此意淫宋朝文人的惬意人生可见他对当时文人生活的向往。这样还是不能解除乾隆对杭州的相思之苦,怎么办?他干脆下旨在北京大规模地仿制西湖风景,将杭州的湖山"搬"到家门口。真是脑洞大开,也真是用情至深。

"西湖无不佳,而此称湖心。是为五官首,四面归照临。"朕的湖山,朕就这么任性,怎么了?你们谁有朕的胆魄还有能力?

这爷孙俩,一个欣赏西湖风光融入政治考量,一个陶醉西湖美景描绘江山。也算相得益彰了。

到西湖边饱览美景之后,不妨到北京皇城看看。圆明园看不到原景了,那就看看颐和园,有机会再看看乾隆画的《西湖图》,看看他题的西湖诗册,你会有一个不一样的西湖美景体验。

参考文献:

1.〔明〕田汝成撰,〔清〕姚靖增删:《西湖志》八卷(附:《西湖志余》十八卷),清康熙二十八年(1689)刻本。

2.〔宋〕吴自牧:《梦粱录》,浙江人民出版社,1984年。

森森气象，王的胸襟
——将台山排衙石诗刻

排衙石在将台山上，又称"排牙石""石笋林""队石"。相传吴越王钱镠来此，见怪石排立两列，如衙役拱卫，便取名"排衙石"。石上有钱镠诗刻残迹。

排衙石苍翠玲珑，各个石峰高3米至5米不等。最小的一块石头，状如灵芝草，上镌"涌地云"三字，很是有趣，惜字迹已漫漶不可识辨。

凤凰山南侧有一座将台山，山顶平坦开阔，相传北宋末年，农民起义军领袖方腊的妹妹百花公主曾在此训练女军，因此得名。

将台山顶的平坦开阔之地叫四顾坪，坪的南缘就是排衙石。这个石阵虽然名称很多，但还是数"排衙石"这个称呼最好。人从石缝中间穿过，感觉有众多亲兵拱立两旁，很是威风。而"排牙石""石笋林""队石"这几个称呼，不是瘆得慌就是太直白。有人解释是因为唐末五代时节度使的亲兵叫"牙兵"，所以叫"排牙石"更准确些，但终究没有"排衙石"好听。

不管怎么叫吧，想必吴越王钱镠也是这种无所谓的感觉。

定都临安府后，钱镠在府衙周边闲逛，不经意间发现这么一块好玩的地儿。一边怪石耸立，列于两旁，参差多趣；一边地势平坦，眼界开阔，可以演兵军训。从石阵中穿过，不时从石罅中探头出来，一边是威严整齐的将士队列，一边像儿时好玩的阵仗，很有穿越的感觉，但又迥异于儿时。

将台山排衙石

　　就在这里设讲武堂讲武吧。开阔地约 30 亩，钱镠命士兵将多余的树木砍掉，一下子视野更敞亮了。环顾四周，前山后府，左河右湖，万千气象皆入眼帘。

　　每当给将士们讲完兵法布阵课程，听完将士们的心得体会后，钱镠就会走走石阵，沉浸在这种时光倒错中，很是享受。遥想当年给人放牛砍柴时和儿时玩伴环绕大树玩对阵厮杀的场景，钱镠就恨不得立马回到老家。从大唐乾符二年（875）领了一伙人投军至今，南征北战，平王郢，拒黄巢，攻越州，占浙西，平董昌，二十多年了还没回过老家，如今被封为王，该回去看看了。

　　一个贩私盐讨生活的小混混，现在称王了，出来这么长时间，回老家就得显摆显摆，楚霸王项羽当年是怎么说来着，"富贵不归故乡，如衣锦夜行"。就是嘛，要让乡亲们刮目相看。

　　钱镠准备一番，率大队人马浩浩荡荡回老家。在老家，钱镠见当年一起放牛砍柴的小伙伴大都已成家踏实过日子了，生活还算稳定，很是兴奋，就让士兵们把他砍柴放牛时和小伙伴一起排兵布阵的山林用锦缎全部覆盖起来，并叫上所有儿时的玩伴一起敲锣打鼓，到自己当年坐镇称大王的大石头上给那棵千年老樟树磕头，亲封老樟树为"衣锦将军"。一番折腾，算是过了一把"衣锦还乡"的瘾。

之后的几次回乡，钱镠都极尽奢靡之能事。到朱温称帝建立后梁，封钱镠为吴越王之后，他更是用很大的排场回乡祭祖。

这一日，钱镠带领着浩浩荡荡的队伍回到家乡，备足酒菜，宴请父老乡亲。这次，他要在父老乡亲们面前显摆足了：自己不只会打打杀杀，还会填词唱歌，能文能武。酒酣耳热之际，他仿佛刘邦附身，在宴席上边跳舞边用吴越普通话唱起自己创作的《巡衣锦军制还乡歌》：

三节还乡兮挂锦衣，碧天朗朗兮爱日晖。功臣道上兮列旌旗，父老远来兮相追随。

家山乡眷兮会时稀，今朝设宴兮觥散飞。斗牛无孛兮民无欺，吴越一王兮驷马归。

没想到的是，歌声停下后，底下却完全没有掌声。钱镠看到众乡亲一脸听不懂的样子，很是着急：鼓掌呀，我很用心唱了呀，你们不能这么不给面子吧。反正也是喝了酒，坐在他身边的发小直接站起来喊他的小名："婆留哎，你也太抬举我们了，不知道我们都没文化，见识少吗？我们根本就不知道你唱的啥，怎么给你喝彩呀！"钱镠瞪了发小半天，像要发作，但一会儿，他又低声哼唱起来：

尔辈见侬底欢喜，别是一番滋味。子永在我侬心子里。

这回，钱镠用地道的临安方言唱起了小时候就会唱的山歌，声音由低到高，一唱三叹，乡亲们都听懂了，纷纷跟着节奏边舞蹈边鼓掌，大家尽兴而归。

临散场时，钱镠想找他父亲说说话，可是在现场没看到人，就一路找到家里。钱镠的父亲叫钱宽，弟兄四个中，他从小和父亲的关系就很一般，因为刚出生时，父亲听了算卦的话，认为钱镠的出生不吉利，差点把他扔到井里淹死，是婆婆把他捡回来养大的，所以他的小名就叫"婆留"。每次回乡，钱镠都想和父亲好好聊聊，消除芥蒂，可是每次父亲都躲着不见，他为此感到既困惑又难过，父亲真就那么小心眼，怕我给他带来灾祸不成？

当时，钱镠已经牢牢控制住两浙地区，实力强大，他的许多忠于李唐的手下劝他北上讨伐朱温，也有不少人进言劝他称帝。钱镠知道自己的实力，但不想劳民伤财，他要效仿孙权，等待时机的到来。随着后梁被灭，后唐建立，"城头变幻大王旗"，钱镠的实力日益巩固，并被封为"吴越国王"，此时，他的野心也在悄悄膨胀，他仿效天子设立拜郊台，建立年号，俨然要称帝的节奏。

在巩固实力的同时，钱镠一直没放下和父亲交流和解的心思。他专门派人回老家了解父亲老躲着他的原因，当知道父亲嫌他太高调的做派后，就穿上老百姓的衣服，偷偷回到家中。这一次，钱镠见到了父亲，并且了解到父亲是在以一种避而不见的消极方式劝诫儿子。钱宽只是一个农民，他告诫钱镠："你不过是一个农民的儿子，有什么资格这么耀武扬威讲排场。现在你手里握着两浙十三州，三面的敌人虎视眈眈，随时想吃掉你。再不知收敛，会遭报应的。"

钱镠明白了父亲的用意，父亲是在担心他成为众矢之的，整个钱家也可能因此受到牵连。恍然大悟之后，钱镠哭着拜谢了父亲，回到杭州的第一件事，就废掉了自己的年号，并派出使者向中原的后唐进贡，表示愿意尊后唐为正朔。

乱世之秋，各方势力纷纷粉墨登场，钱镠不想因自己的野心把他护佑的乡亲父老再拖入战乱之中。

处理完政事后，他会跑到讲武堂，跑到排衙石阵中，或穿越儿时游戏，或体味帝王之尊，直至头脑一片清明方回去。

讲武堂成了他的修道场。

确实，每次从府衙出来，登临这排衙石阵，四顾群山，襟湖带江，钱镠心中就升起一股豪气，眼前就出现一片锦绣。在他刚掌控两浙十三州时，便立誓要把两浙建设成一个丰饶的宝地。他召令各地，休战之时，要勤于农事，治理水患。各地可临时组建"撩湖军""撩水军"，疏浚河道，引河入湖，灌溉农田。早在后梁开平四年（910），钱镠便已动员大批劳力修筑钱塘江沿岸的捍海石塘，用木桩把装满石块的巨大石笼固定在江边，形成坚固的海堤，使江边农田不再受潮水侵蚀。由于石塘兼具蓄水功能，在抗洪的同时还使得江边农田得获灌溉之利。

后梁乾化二年（912）秋日的一天，看到钱塘江肆虐的潮水被制服，农田不再受河水倒灌之灾，到处一片丰收景象，钱镠心情大好，在讲武堂校场举办了一场比武大会之后，诗兴大发，赋诗一首，并将写诗的背景、场地、感想和胸怀一并写下，命人找刻工良匠刻在排衙石最大的那块石头上。

刻字高、宽均约3尺，序10行，诗9行，共16句，每个字1寸大小，字迹刚劲端厚。刻好后，钱镠召集众将士一起诵读，声音直传到钱塘江畔。

可惜的是，诗刻在今天已残缺模糊至不可辨认。清朝大学士阮元经过仔细辨识，在其编著的《两浙金石志》中收录了此残诗。

透过模糊不清的残缺诗句"东南一剑定长鲸"，"匡扶立正声"，我们可以窥见钱镠胸中的森森气象和保境安民的王者气度。

此后，钱镠在排衙石西南设立郊坛，并镌刻题记"梁龙德元年岁次辛巳十一月壬午朔一日天下都元帅吴越国王钱镠建置"。后梁龙德三年（923），钱镠被册封为吴越国王，正式建立吴越国，但他拒绝称帝，仍尊中原王朝为正朔，直到北宋太平兴国年间，钱镠的孙子钱俶纳土归降，将两浙土地献给了宋太宗，钱氏一族也因此得以安享太平。

今天我们登临此地，透过排衙石上模糊的钱镠诗刻和宋人题记，仍可感受到王者的气象和时间的沧桑。从排衙石中穿过，我们仿佛看到了方腊的妹妹百花公主在当年钱镠讲武的场所训练她的娘子军，仿佛看到南宋皇帝领着后宫嫔妃们在此操练阵仗，仿佛看到"涌地云"石刻随钱镠消失得无影踪，仿佛看到诗人陆游"剥藓剜苔觅旧题"的寻寻觅觅和"满山烟雨共凄迷"的无奈。

排衙石还在，残诗尚存，杭州人还会记得钱镠"保境安民"的好，不信，你到西湖边的钱氏祠堂看看，再回头仔细辨认辨认排衙石上诗刻的字迹。

参考文献：

1. 金志敏：《杭州凤凰山摩崖萃编》，西泠印社出版社，2014年。
2. 〔清〕阮元：《两浙金石志》，浙江古籍出版社，2012年。
3. 王建华：《钱镠与西湖》，杭州出版社，2005年。

一段梅石佳话，几番"替身"还原
——杭州"梅花碑"

杭州碑林庑廊上有一块清代摹刻的"梅花碑"，碑高194厘米，宽104厘米，厚23厘米，正面刻蓝瑛、孙杕的《梅石图》，图右侧刻乾隆四十九年（1784）乾隆《御题梅石碑》诗一首，6行行书；碑的背面刻乾隆四十五年（1780）乾隆《御题梅石碑》诗一首，也是6行行书；碑的两侧刻乾隆御题梅石碑对联一副。

  梅花碑，本来是一块石碑的名字，是一块刻了梅花和奇石的碑，也有人叫它"梅石碑"或"梅石双清碑"。最初是明末一位有名的画家蓝瑛，根据史料记载找到南宋德寿宫的后花园，给那里的一块奇石画了一张画。不久，另一位画家孙杕寻踪，照着奇石边一株苔梅的样子在画石边上补了一树梅花，取名《梅石双清图》。两位钱塘画家写石补梅的佳话一时盛传，传来传去，到最后谁画石、谁画梅都搞不清楚了，如有的地方志就记成是蓝瑛画梅、孙杕画石。当地官府为彰风雅，专门找了经验丰富的老刻工，将这幅《梅石双清图》刻成碑，立在梅树和奇石边上，并修了一座小亭保护，亭名"双清亭"。再后来，这段佳话被一位有心的大人物发掘，梅花碑从此名气大涨，还因此克隆出许多块"梅石碑"，衍生出一个混淆视听的地名——梅花碑（大致区域在杭州城头巷至佑圣观路一带，南通道连长寿弄，北通道连水亭址，长210米，宽6米，原为南宋德寿宫的一部分）。

  这位大人物是谁？

  乾隆十六年（1751）三月，第一次南巡的乾隆皇帝沉醉在杭州的如画美景里，题诗作画，流连忘返，他想尽览杭城的美景佳色。一天清晨，住在西湖行宫的乾隆正思虑着到哪里找个好玩的所在，便随手抄起由杭州官员整理并奉上的介绍西湖及周边景点和历史的资料浏览起来。还别说，这一浏览还真有收获。乾隆发现了书中一段对南宋德寿宫及宫中后花园里的芙蓉石和苔梅的记述，心生欢喜，大叫一声"就这里了"。随从和侍卫们还没缓过神来，乾隆已急着吩咐人前往探寻。

德寿宫，最初是南宋宰相秦桧的府邸。秦桧死后，府邸被没收。宋高宗赵构"退休"之后，在秦府老宅的基础上进行了扩建，住在这里养老，并取名"德寿宫"。宋高宗喜欢奇石花草，专门在后花园安置了数块奇石，并在自己特别喜欢的芙蓉石旁种了绿梅。后来，德寿宫辟出一半地方，修建了宗阳宫。

白云苍狗，昔日的德寿宫逐渐被历史淹没，宗阳宫也历经元、明战火兵燹，几经兴废。明朝时，这里成立有观梅社，宗阳宫静观堂设了官府的海关税收衙门。到了清朝，雍正皇帝在这里特设观风整俗使署，整饬地方风俗。乾隆到访时，这里只有门房和观梅社尚有生气。

乾隆一行一路闲赏，找到德寿宫旧址。面对颓败荒芜的德寿宫和像一个行将就木的老人一样的宗阳宫，乾隆感慨连连。荒草丛中，苔梅早已不见踪影。只见一人多高的芙蓉石上苔痕累累，满是沟壑洞穴的石体遍布腐叶灰尘。本来是玲珑通窍惹人怜爱的，现在却像一个露宿街边的流浪汉，数说着岁月的沧桑。乾隆看着有点心疼，命随从们慢慢清除着芙蓉石周边的荒草，渐渐地，地上露出断成两截的《梅石双清碑》。仔细辨识，还能看清碑上芙蓉石的玲珑和梅树的繁茂花枝。乾隆绕着芙蓉石，用衣袖拂拭石上的苔痕灰尘，抚摸感叹："'梅石双清'，

双清亭

多好听的名字,今天终于见到本尊了。虽然石头蒙尘,苔梅不存,但残碑还是留下了梅石相偎相望的倩影。今天能够见到,也是幸事一桩。"说完,命人备好笔墨,当场赋诗一首:

临安半壁苟支撑,遗迹披寻感慨生。
梅石尚能传德寿,苕华又见说蓝瑛。
一拳雨后犹余润,老干春来不冉荣。
五国内沙埋二帝,议和喜乐独何情。

乾隆发了一番历史浩叹后意犹未尽,又赋了一首七绝:

傍峰不见旧梅英,石道无情迹怆情。
此日荒凉德寿月,只余碑版照蓝瑛。

写完诗后,乾隆又绕着芙蓉石和残碑盘桓,一边慨叹时间的无情，一边认真品赏石上的窍穴和造型，良久才命随从人员把题写的诗存放在观梅社，到别处观览了。

乾隆南巡返京后，杭州几位主要官员揣摩着这位酷爱宋朝文化的皇帝的心思，决定把那芙蓉奇石和断碑运到京城，进献给乾隆。有人提议，送断碑不妥，把碑拓和奇石送过去就好。第二年，杭州一干官员把打包装好的芙蓉石连同《梅石双清碑》拓片通过漕运护送至北京。

乾隆见到从杭州专门运来的芙蓉石和《梅石双清碑》拓片，非常欢喜。他吩咐内侍把芙蓉石小心地移送到自己最得意的宫苑圆明园内，安置妥当，拓片挂在芙蓉石一旁的墙上。然后择吉日焚香敬石，并御笔赐名"青莲朵"。

乾隆三十年（1765），乾隆皇帝第四次南巡杭州。十多年来，他每次见到"青莲朵"，就想起那块《梅石双清碑》，几次想找人临摹一通，但都忍住了，他想再看到原址上那块残断的石碑。十多年了，梅石碑估计没人打理，现在已经漫漶不清了吧。最终，他还是按捺不住，在这次南巡前专门让人根据拓本摹刻了一通新碑，并御题"梅花碑"三字，刻在碑的背面，随南巡队伍运到杭州，让人把新碑和旧碑并排竖在一起。自此，杭州的这个地区就又有了一个新名字——梅花碑。

过了两年，不知道乾隆从哪里得到资料，说经考证，杭州地方志上记载的《梅石双清碑》是蓝瑛画梅、孙杕画石其实是错误的，应该是孙杕画梅、蓝瑛画石，于是又重新摹刻了一通碑，放在圆明园内的"青莲朵"附近。哪位画家画石哪位画家画梅并不重要，重要的是芙蓉石旁有了《梅石双清碑》，就有了"梅石双清"的感觉。碑竖好后，乾隆又题写了一首诗："昔年德寿石，名曰青莲朵。梅枯石北来，惟余碑尚妥。德寿岂复存？久矣

丁云川藏《梅石双清碑》拓片（现藏西湖博物馆）

毁兵火。不禁兴废感，碑矣漫漶颇。因此为抚迹，驿致江之左。新碑临旧碑，那见梅石我？重摹置石侧，为结无缘果。"诗刻在离碑石不远的"标胜亭"壁上。八国联军火烧圆明园，无数国宝流失海外，万幸，这块新镌的碑和"青莲朵"都幸存了下来。

现在，北京的梅花碑在北京大学未名湖临湖轩旁，碑旁仿芙蓉石重立了一块太湖石，上面刻有《梅石碑记》；芙蓉石保存在中国园林博物馆中。杭州的那块梅石碑，据传在20世纪六七十年代时不知所踪，1988年有工匠凭记忆仿刻了一块，立在梅花碑街道的"梅石园"内，2007年根据北大的梅花碑旧拓又重制了一块，同时还立了落款为"杭州市上城区人民政府"的《重建梅石碑记》碑石。

而在杭州孔庙的碑林庑廊上也有一块清代摹刻的"梅花碑"，正面刻蓝瑛、孙杕的《梅石图》；图右侧刻乾隆四十九年（1784）乾隆《御题梅石碑》诗一首，6行行书；碑的背面刻乾隆四十五年乾隆《御题梅石碑》诗一首，也是6行行书；碑的两侧刻乾隆御题梅石碑对联一副："名迹补孙蓝还斯旧观，清风况梅石寓以新题。"

让痴古好玩的乾隆皇帝如此记挂的一块石碑，"好嗨哟"。

搞清共有几块碑没？"梅花碑"的地名在哪片区域？

参考文献：

1. 方家溢、刘伟：《一块碑见证杭州的一段历史　梅石碑昨重现于梅花碑》，《杭州日报》2009年7月14日。
2. 杜正贤：《杭州孔庙》，西泠印社出版社，2009年。

第二辑

寻踪名士屐痕

留下"琴台",静候知音
——米芾"琴台"题刻与乾隆《琴台》诗碑

"琴台"摩崖题刻位于南屏山北侧山腰,楷书竖行,龛高144厘米,宽68厘米,字径100厘米,落款字径12厘米。字迹因多年风化已漫漶不清。乾隆御书《琴台》诗碑高136厘米,宽59厘米,单面阴刻,共4行26字,字径10厘米,立于"琴台"摩崖左前方。

一曲《高山流水》,给后人留下说不尽的话题。钟子期不见了,俞伯牙的琴也摔了,后来俞伯牙也不见了,于是人们就开始寻找俞伯牙弹琴给钟子期听的地方,结果,这一寻找,出来很多"琴台"。

有琴台,必有琴弹。有琴弹,定有知音。

开悟!原来人们找的不是俞伯牙钟子期,而是找的知音,找的"琴心"。因此,杜甫在成都见到司马相如琴台遗迹时,心所向往,写诗凭吊这对恩爱知音:

茂陵多病后,尚爱卓文君。酒肆人间世,琴台日暮云。野花留宝靥,蔓草见罗裙。归凤求凰意,寥寥不复闻。

司马相如的《琴歌》缥缈远去了,珍琴"绿绮"也不知落入谁手,如今只留下琴台让后人伤情伤心。

又有谁知道,米芾在南屏山摩崖题刻的"琴台",是为哪位知音留下的?

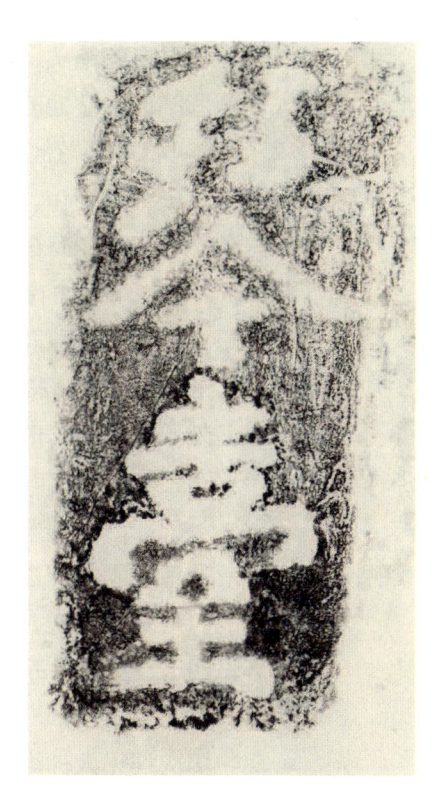

南屏山米芾题刻"琴台"拓本

米芾题刻"琴台"在南屏山北侧山腰，幽居洞上方，司马光《家人卦》题刻西面，楷书竖排，每个字有1米见方，还能辨识出部分落款。

宋神宗元丰五年（1082），米芾到黄井州拜访他神交已久的大人物苏轼。米芾是个超级"苏粉"，十岁时临写苏轼的字帖时就想见写字帖的人，可惜一直无缘。虽然后来在朝廷谋了个抄抄写写、校对勘误的活儿，但苏轼是大人物，除了听听同事讲讲他的轶事，偶尔一睹他手书的诗词，还是无缘得见真容。要不是苏轼因为"乌台诗案"被贬到黄州，他恐怕还无缘见到偶像。

"乌台诗案"是啥？元丰二年（1079），苏轼被调到湖州做知州，相当于现在的市长。这个一身才气的人总管不住自己的笔头，在给皇帝的例行谢表上说了些带感情色彩的话，被他的政敌和受过他奚落、讥讽的小人抓了小辫子，非要置他于死地。这案件先由监察御史告发，后在御史台狱受审。据《汉书·薛宣朱博传》记载，御史台中有柏树，有数千野乌鸦栖居其上，故称御史台为"乌台"，亦称"柏台"，"乌台诗案"由此得名。后来，还是苏轼的老政敌兼老朋友，已经退休的王安石和其兄弟向宋神宗求情，宋神宗又考虑到宋太祖当年立下的"除谋逆外不杀大臣"的誓约，才饶他不死，让他到黄州做个保安副队长。

米芾是同朋友董钺、绵竹道士杨世昌一起去拜见苏轼的。对米芾来说，这是一次历史性的拜见。这一年，苏轼四十五岁，米芾三十一岁。

初次拜见大神级人物，米芾非常激动，本来就有洁癖的他弹了无数次衣服上的灰尘，洗了无数遍手，才恭敬地走进苏轼的"雪堂"。没想到，第一次见到的却是喝得微醉、创作欲望强烈的偶像。当时，苏轼见来客中年轻的米芾恭敬有加，当下指名让他把纸挂到墙上，并研墨伺候。苏轼随手拿起毛笔，濡墨挥毫，霎时，两支风竹，一棵枯树，一块怪石，跃然纸上。

每每回想起那一刻，米芾都会情不自禁，偶像没有小看他这个无名小辈，什么苏轼苏东坡，就是苏大哥、苏老师、苏前辈，他认定了。这一次，他和苏轼在"雪堂"促膝交谈了好长时间，他按照苏老师的教导，学书法从晋人入手，临摹二王法帖。从此米芾如拨云见日，豁然开朗，书艺大进。

他把这位导师引为知己。

不久，米芾被调到杭州做官。到杭州后，他利用官员这一便利身份，广交高人名士，一时间，杭州文化圈都知道新来的一个叫米芾的官员为人偶傥，书法了得，还是东坡先生的得意门生。就连净慈寺高僧释守一到龙井方圆庵拜会辩才大师，也邀请米芾同行。其实，米芾和守一大师也是在一次法会上偶然认识的。有人告诉守一大师，这新到杭州的米芾字写得蛮好，也很有学问。守一大师见这个后生气宇非凡，就留他一起用斋。以后，米芾经常到寺里拜会守一大师，探讨佛法，畅谈古今，两人交谈甚欢。一次，守一大师在南屏山雷峰塔寺开授菩萨戒法会，正要进行羯磨这个流程时，忽见观音像腾起一道宝焰，光芒四射，映夺日灯。守一大师当天就写了一篇《证戒光记》，请米芾抄写成字帖，找精工良匠刻碑，立在寺中。

守一大师很喜欢米芾的书法，米芾每次到寺里来，大师都要备好纸笔，有时还亲自研墨，请米芾或抄经或抄诗，留下墨宝。米芾也很享受聆听大师说法后挥毫一番的时光。

《证戒光记》刻碑期间，米芾常到守一大师处聊天说法，当聊到净慈寺背后的幽居洞时，大师突然灵光闪现，请米芾写了"琴台"两个擘窠大字。当《证戒光记》碑刻工程收尾后，守一大师马上让刻碑师傅启动另一项工程，把"琴台"二字书丹摩崖在幽居洞左边的一块岩石上。

幽居洞又名叫仙人洞，相传是葛仙翁修道炼丹的场所，洞的左上方曾是仙翁弹琴之地，米芾的"琴台"刻在这里既有寓意也有来头。

这时，米芾遵老师苏东坡嘱，下功夫临习晋人法帖已有小成，"琴台"二字用笔饱满凝练，字体雄浑古拙，既得唐人神采，又彰晋人风骨，笔画自然舒展、浑然天成。摩刻完成后，到净慈寺找守一大师的人，无论是听禅说法的还是谈古论今的，守一大师都会领他们到寺庙后头欣赏一番米芾的"琴台"二字，有时兴之所至，干脆就从"琴台"二字引入，现场讲经说法。一时间，米芾"琴台"引知音的故事不胜枚举，有的离谱到守一大师和米芾一起谈到那些故事就哈哈大笑。

"琴台"让米芾在杭州声名鹊起。

元丰六年（1083）四月初九，守一大师拜会方圆庵辩才大师，专门撰写了《龙井山方圆庵记》以为纪念。米芾拜读之后，连连击节赞叹，马上展纸挥毫，777字一气呵成。守一大师见到米芾墨迹后连连称妙。22幅字，一体协调，书体结构严谨，点画和结体稳不俗、险不怪、老不枯、润不肥，美观大方。守一大师反复观摩多遍，通篇87行，疏密有致、粗细相宜、刚柔相济、妙趣横生，很有晋人风度。得此墨宝，守一大师马上找到杭州最好的刻工陶拯，刻成石碑，立于方圆庵边。

禅林宝地，大师妙笔，精美书法，精良刻工，杭城文人争相到访龙井方圆庵，拜师求教，摹拓碑文，宝之藏之。

杭州成为米芾艺术生涯的重要一站。

据说，苏轼到杭州任知州时，曾专门去看了米芾的"琴台"摩崖题刻，评价其字体雄浑古朴，笔画如行云流水，得唐人法度、晋人风骨。

南宋时期，司马光后人将司马光亲书的《家人卦》《乐记》《中庸》等文章刻在"琴台"东面。

乾隆十六年（1751），乾隆第一次南巡到杭州。当时，南屏山几经兴废，一个叫汪之萼的有钱人在山上建了私家别墅，他的孙子汪守湜很喜欢这里，就用心打造，把这里鼓捣得非常幽静别致。乾隆到这里后一眼就喜欢上了，眼前山石嶙峋，洞穴幽深，一庵背靠山体，极像西巡时在甘肃古仇池国见到的道教洞天"小有天"，当下就赐名"小有天园"。

皇帝钦点的地方，汪家只好乖乖腾出来了。以后，乾隆每次南巡杭州都到这里来，来了就赋诗一首。第二次南巡回京后，乾隆对"小有天园"念念不忘，干脆就在长春园思永斋的东部小院中仿建了一个，还写了篇《小有天园记》。

令乾隆念念不忘的，还有这"小有天园"里米芾的

小有天园图

摩崖"琴台",这是搬不走的。乾隆喜欢米芾的字,喜欢米芾喜欢过的石头,算是一个地道的"米粉"。第二次南巡到杭州,他在题刻的摩崖石壁间流连了好长时间。幽居洞左,米芾的"琴台"题刻仿佛把乾隆带回到宋朝,他看到了米芾对苏轼的崇拜和敬重,看到了苏轼对米芾书法的指导和教诲,看到了米芾一边和守一大师谈笑风生,一边挥毫写下"琴台"二字,看到了宋朝文人不着痕迹的相交和神会。昔人已去,琴台空留,人生知己,白驹过隙呀。当下,乾隆命人准备好笔墨,写下了五言绝句《琴台》:"琴台非子贱,传自米襄阳。我不解攫醳,春温即景偿。"落款为"乾隆丁丑御题",并加盖"乾隆宸翰"和"陶冶性灵"两方印章,命人将诗刻在碑上,立于米芾"琴台"题刻下方。

山东单县有子贱琴台,是春秋时期孔子弟子宓子贱任单父宰时的"鸣琴而治"之地。乾隆在诗中是借米襄阳(米芾出生于襄阳)"琴台"抒发自己的政治抱负和治世理想。诗中说我虽不懂琴律,但是弹琴一张一弛,和治国理民的道理不是一样的吗?他感叹见到"琴台",犹如见到知音。

乾隆三十年(1765),乾隆第四次南巡时,在小有天园最高处的一块岩壁上题写了《游小有天园登绝顶》:

最爱南屏小有天,登峰原揽大无边。
易诠藉用怀司马,琴趣那能效米颠。
百卉都知斗春节,千林乍欲敛朝烟。
菁葱峭蒨间探妙,比似仇池然不然。

落款为"乙酉春闰中浣游小有天园登绝顶作,御笔",印文为"所宝惟贤""乾隆御笔"。

乾隆六到杭州，在小有天园就留诗八首，其中一首又提到米芾："新构御书楼固好，挥毫却愧米家颠。"

论琴趣，论写字，乾隆在米颠面前甘拜下风。连这个自信满满的风流皇帝都要仰视，米芾如果见了乾隆题的御诗，该高兴得笑掉下巴了吧。

有兴趣的朋友游赏杭州时，在吴山、在杭州碑林还能看到米芾的手书碑刻，看到米芾留下的痕迹。

不妨也走近米芾，成为"琴台"守候的知音。

参考文献：

1. 鲍挺华：《杭州华港摩崖萃编》，浙江古籍出版社，2018年。
2.〔清〕阮元：《两浙金石志》，浙江古籍出版社，2012年。

春风拂面麦浪滚，僧偈醍醐到此游
——苏轼等四人"大麦岭题名"石刻

大麦岭摩崖题记位于杭州市大麦岭东麓，为北宋元祐五年（1090），苏东坡在杭州任知州时，与王瑜、杨杰、张璹同游天竺过麦岭时所题。摩崖高1.38米，长1.84米，字径0.1米，阴刻，正书，文右行，楷书，是杭州唯一现存的苏东坡题记原物。

我一直在想，古代那些个有文化的人出门旅行，是不是都要带好笔墨纸砚，不然的话，荒郊野外，灵感来了，想发个帖子、微博，又没电脑笔记本、手机，怎么记下？还有就是，名人的行踪有人寻迹，如果不是名人，那些随意题写在石头断壁上的文字估计很多就淹没在历史的风雨中了；要不就自己带上锤子凿子，直接把字刻好，留墨千古。

确实，古代文化人出门旅行，笔墨纸砚是一定要带的，有条件的还会带上随从打理这些。杭城的湖山风流蕴藉，许多石上的题刻，想必就是风流名士们这样留下来的。

翻翻古书，古人那些个题壁留墨的故事还是记载了很多，大多也很有趣，得空大家可以找来读一读。这里我们还是随苏东坡过大麦岭吧。

北宋元祐五年，农历三月初二，天气晴好。一大早，苏轼就起床到官邸的后花园溜达了一圈。园内，许多有名没名的花朵都竞相向主人展现笑脸，向主人问候早安。杨花落尽，垂柳在春风中极尽妩媚。莺燕其中，花褪残红青杏小。

大麦岭摩崖题记及拓片

苏轼不由得心情大好。

这是苏轼到杭州任知州大半年来感觉最轻松的一天。哲宗小皇帝嫌苏轼在朝中碍眼，把他打发到杭州来，虽说以龙图阁学士的身份当个小知州低就了，可能远离朝廷是非，到自认的第二故乡任地方官，苏轼却非常兴奋。

十多年前，苏轼到杭州任通判时就喜欢上了这里。这里的美丽湖山、繁华街市、幽寂庙宇，还有杭州人特有的精神气质，都给他留下了深刻的印象。因此，初到杭州的苏轼便写出这样的诗句：

未成小隐聊中隐，可得长闲胜暂闲。
我本无家更安往，故乡无此好湖山。

他要好好做一番事情，给这里的百姓一个安居乐业的美好环境。原本他想改造完市内的六口井，解决了市民们的吃水问题后，再拟定一个改善交通和水利设施，打造西湖品牌的方案，可惜没多久他就被调走了，一去就是十几年。这次终于可以了却夙愿了。

到杭州后，苏轼看到许多交通及水利基础设施亟待改造，特别是西湖，由于长期没有疏浚，湖面淤塞大半，湖中长满野草，满眼是"葑合平湖久芜漫"，和十多年前"淡妆浓抹总相宜"相比，西子已经成了一个老妪，再怎么浓妆艳抹也是一派衰败之相。且不说西湖的品牌形象，就是农业生产也受到严重影响。

苏轼立马就召开办公会议，要各级官员尽快制订治理方案。经过一天的办公会议，大家一致通过了西湖改造治理方案，并发通知下去，开始全面清淤。

终于可以缓一口气了。散会后，苏轼约了王瑜、杨杰、张璪几位同道好友，定好第二天再到天竺山野游，顺道拜访天竺诸寺，进香、喝茶、说禅、聊古今。

其实，上个月苏轼就约这几位好友到过天竺山。二月初二龙抬头，是天竺香市开市第一天，许多香客都会抢在这天去天竺三寺和灵隐寺进香。天竺香市是杭州百姓的一次盛大集会，从二月初二一直延续到五月端午才结束，非常隆重。二月初二这天，苏轼约这几位同道好友也去进了香，进完头香后，在韬光庵休息。喝茶谈禅间，住持感叹西湖快要成臭水塘了。韬光庵自东晋时期就在西湖边了，几百年来，见证了西湖的风雨晴岚。住持将寺庙和西湖的不解之缘一一道来，还特别吟哦了苏轼的《饮湖上初晴后雨二首》，不住称赞道："这两首绝句堪称西湖最好的品牌广告，特别是'水光潋滟晴方好'一句，可谓赞美西湖的千古绝唱，前无古人，后无来者。"苏轼见住持赞得真诚，也没客套什么，只是站起来朝西湖这边望着，口中自言自语：一定还西子青春容颜、美丽妆容，还西湖一个波清水明。交谈间，住持已经让小沙弥准备好了笔墨纸砚，希望苏知州能给寺庙留下墨宝。

若是平日里只是谈禅说道，苏轼肯定答应，说不定兴致来了，还在墙上题一首诗。可这次苏市长心里装着治理西湖的事，没兴致，但又不好拂了主持的意，就找一壁石墙题写了"苏轼、张璹、杨杰、王瑜元祐五年二月二日同游韬光"一行字，住持见状，吩咐小沙弥赶紧找刻工来，把字刻好拓下来，免得日后风吹雨淋模糊喽。

如果说一个月前游天竺是背着负担、心事沉重的，这次再游则是轻装前行、心情爽朗。

吃过早饭，随从已将出门要带的东西检点好了。苏轼官邸在凤凰山脚下，几位同道也都住在附近，陆续到达集合地点后，一行人说说笑笑朝天竺山方向出发。

三台山大麦岭是去天竺的必经之路。一行人边走边赏路边美景，只见路两边麦地里的麦子已有一两尺高，清风一吹，绿浪涌动，嫩嫩的，柔柔的，似美人气息。深吸一口气，有麦子的清香，有桃李的芬芳，还有各种野花的幽香。一路上，到天竺山中进香的，挑担推车送货的，络绎不绝。一行人你一句我一句吟诗作对，不觉走了大半程。忽然，有人指着路边一块突兀的大石头说："快看这块石头，像不像一条卧龙？"苏轼和几位好友本来就对奇石感兴趣，见这块石头展卧路边，凹凸有致，颇有气势，就停下来品赏一番。随从们一边清除石头周围的杂草灰土，一边互相打趣："这么一块好石头，上次路过怎么就没看见呢？""就是呀，难道是像飞来峰那样凭空飞来的？"苏轼听见大伙议论，会心一笑，绕石头转了几圈，只见大石上有一处题刻，仔细辨认，为佛家偈语，由于字小，只辨认出"愿众生咸皆成佛，元祐二年三月"，时隔三年，这处偈语题刻恰好被苏轼一行发现，难道不是缘分么？苏轼立马有了在石头上题字的冲动。他命随从取出携带的茶水点心，一并把笔墨纸砚准备好，边歇脚，边思索，该题个什么字好。大家你一言我一语，要么是眼前景物，要么是佛家偈语，但苏轼都不满意。

苏轼回头看着王瑜、杨杰、张璹，忽然灵感闪现，上个月就是和这几位好友同去的天竺山，在韬光庵题的字是四人"到此一游"。四人都是同朝为官的好友，情趣相投，脾气对味，从京城到杭州，几次都能聚到一块，这是难得的缘分呀，看来题什么都俗了，还题"到此一游"！苏轼在石头上选好地方，然后提笔在一张三尺斗方纸上刷刷刷写下了"苏轼、王瑜、杨杰、张璹，同游天竺，过麦岭"。字为楷书，竖排4行，自左往右读。笔落处，只见字字舒张宽严，跳宕多姿，率意天真。同行的人连声称好。

写好后，随行的刻工拿了字在苏轼选好的位置比画一番，就叮叮当当干起活来。只一盏茶的工夫，就在石头上清理出高43厘米、宽38厘米的刻字处，然后书丹、刻字。其他人则继续前行，刻工刻好后，自然会寻路找来。

一行人游玩了天竺峰，拜谒了龙华寺、灵隐寺及天竺诸寺，听龙华寺住持讲经说法。一路行来，苏轼心情大好。在龙华寺，住持要他题字时，他没多想，挥毫立马题就："苏轼、王瑜、杨杰、张璹同游龙华，元祐五年岁次庚午三月二日题。"

一日热闹，打道回府。

第二天，在疏浚西湖的工地上，有人看到苏轼亲临指挥。这次疏浚工程，招募了约二十万民工，声势浩大，开除葑田，以恢复旧观，并在湖水最深处建立三塔（今三潭印月）作为标志。苏轼让人把从湖底挖出的淤泥集

大麦岭石刻

中起来，筑成一条纵贯西湖的长堤，堤上有六桥相接，以利行人，后人名之曰"苏公堤"，简称"苏堤"。苏堤没有修好时，要想从西湖的北山往南山去，最近的路就是麦岭，有了苏堤，杭州百姓到天竺进香便方便多了，百姓大都走苏堤，麦岭从此人迹稀少。

据记载，苏轼在西湖边一共留下了五处"到此一游"题刻，分别是天竺、韬光庵、大麦岭、龙华寺、龙井。后来因为新旧党争，他的许多题刻都被作为"大不敬"的证据给锤凿了。可能是大麦岭一路少有行人经过了，执行者忘记了这条路上苏轼也曾题刻过"到此一游"，得以保存至今。

当年与苏轼同游的三个人大概情况是：

王瑜，字忠玉。曾经为江南东路提点刑狱，掌管所辖地区司法、刑狱，负责审问囚徒，复查有关文牍。元祐五年，和苏市长游玩天竺后不久，被召回朝廷，做了刑部员外郎。

杨杰，字次公，号无为子。神宗时任太常博士。元祐时任礼部员外郎，出知润州（今江苏镇江）知州，后降职为两浙提点刑狱。喜谈佛理、老庄之学。

张璪，字全翁。苏轼任杭州知州时，在杭州待过一段时间，和苏轼有交情。

在这块石头上还有两处后人题刻，一处为清乾隆五十九年（1794）任浙江巡抚的觉罗吉庆在重阳节题刻的"诚敬"，一处为时任浙江按察使的谢启昆同年十一月题刻的"麦岭"，他们都表达了对苏轼等先贤的崇敬之意。

参考文献：

1. 杭州市第三次全国文物普查领导小组办公室、杭州市园林文物局：《杭州摩崖石刻》，浙江古籍出版社，2013年。
2. 鲍挺华：《杭州华港摩崖萃编》，浙江古籍出版社，2018年。
3. 〔清〕阮元：《两浙金石志》，浙江古籍出版社，2012年。
4. 〔清〕丁敬：《武林石刻记》，清乾隆汪氏求是斋抄本。
5. 〔明〕田汝成撰，〔清〕姚靖增删：《西湖志》八卷（附：《西湖志余》十八卷），清康熙二十八年（1689）刻本。

九折岩前九回肠
——苏轼玲珑山"九折岩"题刻

玲珑山位于临安区玲珑街道玲珑村,山中有陡立的岩壁"九折岩",石壁上石刻众多,镌刻时代自宋直至民国,其中便有款署"东坡居士"的"九折岩"题刻。元祐四年(1089)至元祐六年(1091),苏轼知杭州时经常约文朋好友在此相聚,更有苏轼和琴操的故事让玲珑山名噪一时。

古城临安的玲珑山上有个九折岩,因"盘曲凡九折,上通绝顶"而得名。九折岩岩壁上有自宋代以来众多名士的摩崖题刻。最令我关注的是落款"东坡居士"的题刻"九折岩"。

这是苏东坡什么时候题刻上去的呢?想这个问题时,我正围着九折岩下的玲珑泉旁的一块大石头转。

这块石头长约两米,宽一米多,高出路面不到一米,形状恰似一张大床,边缘有人为敲凿的残缺,正面有"醉眠石"三个隶书大字题刻。据说苏东坡每在玲珑山喝醉了酒就躺在这块石头上,于蒙胧间吟诗作赋。"九折岩"是不是苏轼醉眼蒙胧间写好让人刻上去的呢?

找不到线索。

"醉眠石"是民国时期一个叫姚祖显的人刻上去的,下面的题识虽然模糊不清,但资料上有记:"宋苏文忠公,爱玲珑山水,游辄醉眠于斯。戊辰夏,余养病山中,为补镌字,以彰古迹,邑人姚祖显识。"

题刻的时间是公元 1928 年夏天。苏轼醉眠时大概是公元 1089 年至公元 1091 年之间，到今天，苏轼的诗魂在那里已经醉卧近千年。

那时苏轼在杭州任知州，偶然结识了名伎琴操。苏轼叹其才艺，怜其身世，亲自为她赎身，并根据琴操本人意愿，由苏轼的好朋友佛印介绍她到玲珑山出家为尼。从此苏轼常到玲珑山和朋友诗酒唱和，每次琴操都随侍左右。

苏轼是很喜欢和看中这位红颜知己的。

苏轼认识琴操，颇带点浪漫色彩。刚到杭州就任知州时，苏轼乘船到西湖上考察淤塞情况，随船的有他的幕僚、好友佛印和治湖的专家。考察途中，苏轼的船不小心撞上了一艘歌伎的画舫。当琴操从船舱中走出来时，苏轼的船上有人高声叫道："这不是琴操嘛！"苏轼随口问道："琴操是谁？"旁人就赶紧给苏轼介绍：琴操是杭州当红歌伎，色艺双绝。曾是官宦人家的千金，前两年，她的父亲犯事被关进大牢，家产被抄没。据传，抄家时她正在家中后院弹琴，那把心爱的琴也让人给毁了。做歌伎后，她就用蔡邕所撰的《琴操》书名给自己取了艺名。

一旁，一直沉默的佛印也开口了："这琴操确实是才艺出众。知州的好朋友秦少游不是有首很有名的词《满庭芳》吗？"说罢，佛印便自顾自地吟诵起来：

山抹微云，天连衰草，画角声断谯门。暂停征棹，聊共饮离樽。多少蓬莱旧事，空回首、烟霭纷纷。斜阳外，寒鸦数点，流水绕孤村。　销魂。当此际，香囊暗解，罗带轻分。谩赢得、青楼薄幸名存。此去何时见也,襟袖上、空惹啼痕。伤情处,高城望断,灯火已黄昏。

吟诵毕,佛印接着说道:"这首词用情深远,确实好词。词韵用的是'门'字韵。有一天,西湖边上有人闲唱这首《满庭芳》,偶然唱错了一个韵,把'画角声断谯门'误唱成'画角声断斜阳'。刚好琴操听到了,便说应该是'谯门',不是'斜阳'。此人戏问:'你能改韵吗?'琴操当即将这首词改成'阳'字韵,成了面貌一新的词。"说完,佛印又吟诵起来:

山抹微云,天连衰草,画角声断斜阳。暂停征辔,聊共饮离觞。多少蓬莱旧侣,频回首、烟霭茫茫。孤村里,寒烟万点,流水绕红墙。 魂伤。当此际,轻分罗带,暗解香囊。谩赢得、青楼薄幸名狂。此去何时见也?襟袖上、空有余香。伤心处,长城望断,灯火已昏黄。

琴操这一改,韵变了,但原词的意境、风格,丝毫无损。琴操的才艺怎么样?

佛印抬眼看着苏轼,苏轼回回神,定定地望向琴操。琴操听说撞她们的船是苏知州的,赶紧施礼。在众人的提议下,琴操为苏轼等人演唱了秦少游的《满庭芳》和苏轼的《念奴娇》。

刚到任,因旱灾、瘟疫、西湖改造等公务缠身,苏轼无暇流连,匆匆公干去了。但是,琴操的文采和歌声却总是在他处理完公务休息片刻时出现在眼前。

待要办的几件大事安排妥当后,苏轼迫不及待地推开那些琐碎的公务,约了佛印等几位文朋好友去会琴操,琴操也悉心接待，一来二去，一个仰慕苏大学士的才情学识和品格情怀，一个欣赏妙龄少女的冰雪聪明和慧心巧思。才子佳人，每次相会，两人都有点相见恨晚，恋恋不舍。

一天，琴操陪苏轼和佛印同游西湖，苏轼对琴操说："我来做一次长老，你来参禅好吗？"琴操答："好。"东坡就问："何谓湖中景？"琴操答："落霞与孤鹜齐飞，秋水共长天一色。"东坡又问："何谓景中人？"琴操答："裙拖六幅潇湘水，鬓锁巫山一段云。"东坡再问："何谓人中意？"琴操道："随他杨学士，鳖杀鲍参军。"东坡又问："如此究竟如何？"琴操默然良久，东坡就代为解答曰："门前冷落鞍马稀，老大嫁作商人妇。"此番机锋禅语之后，琴操已感受到苏轼是在暗示她做歌伎是没有出路的，当即信口歌曰："谢学士，醒黄粱。门前冷落稀车马，世事升沉梦一场。说什么鸾歌凤舞，说什么翠羽明珰，到后来两鬓尽苍苍，只剩得风流孽债，空使我两泪汪汪。我也不愿苦从良，我也不愿乐从良，从今念佛往西方。"

这段公案被宋人写进笔记，广为传播。这之后，苏轼为琴操赎身，并托付佛印安顿琴操在玲珑山出家。

琴操出家为尼后，苏轼总感觉丢了一魂。琴操的倩影和美妙的歌喉总是在他脑海中浮现。隔三岔五，苏轼就约上佛印、黄山谷等文朋诗友到玲珑山和琴操谈禅论道，喝喝她亲手泡的茶，听听她弹的曲。有时饮酒微醉，就在玲珑泉边的一块大石头上写诗题字，写完就卧在石头上打个盹，待酒醒后才望一望琴操清修的小庵，打道回府。

一次，苏轼一行在玲珑山诗酒会友后太阳已经西下，

"九折岩"题刻

微醉的苏知州也许是因当地疫情得到控制,旱情灾民都有安置,最最主要的是西湖已经有二十多万人去疏浚修复,心情大好。来到玲珑泉的大石头边,他吩咐随从纸笔侍候,琴操见状,便亲自伺墨,苏轼信手写下《登玲珑山》:

何年僵立两苍龙,瘦脊盘盘尚倚空。
翠浪舞翻红罨亚,白云穿破碧玲珑。
三休亭上工延月,九折岩前巧贮风。
脚力尽时山更好,莫将有限趁无穷。

写完诗后,他抬眼望着九折岩和沿着山势而上的石阶,又落笔题写了"九折岩"三个大字,落款为"东坡居士"。众人叫好之余,吩咐随从安排刻在崖壁之上。

苏轼知杭州仅仅两年,就被朝廷召回。此后,苏轼在颍州、扬州、定州走马灯似地一年一换做知州,但他的心却一直记挂着杭州，惦记着玲珑山上修道的琴操。可惜宦海沉浮，身不由己，苏轼和琴操从此再没见面。

曾经在红尘中沉浮，如今又见不到知心大哥，心碎的琴操，从此拒绝接待来访客人，每天青灯古佛，参研佛理，有时会发呆一整天。据说她唯一的词作《卜算子》就是那时候留下的：

欲整别离情，怯对樽中酒。野梵幽幽石上飘，搴落楼头柳。　　不系黄金绶，粉黛愁成垢。春风三月有时阑，遮不尽、梨花丑。

知音已无迹，有谁知道琴操那颗孤寂的心。后来，琴操听说苏轼因获罪被流放到海南岛儋州（今海南儋州），当时这种罪罚仅次于死刑。担忧加思念，琴操不久就一病不起，抑郁而寂，死后葬在她曾经修持的尼庵旁边。

据传说，历尽沧桑的苏东坡后来再次来到玲珑山。只见"九折岩"的题刻还如昨日，没有被凿掉，那块曾经醉卧过的大石头却已经满布青苔。满眼望去，空山寂寂，居士留墨犹新，出家之人已没。恍惚间，琴操拐过九折岩，消失在绿树掩映之中。他一路追寻来到废弃的庵堂边，一座静静隆起的坟包和刻有"琴操墓"的墓碑令人茫然无措。苏轼肃立良久，眼前不断浮现昔日庵堂论禅的画面。

将琴操墓认真修整一番后，苏轼傍着墓旁的油桐，种下一棵松树。

自此，玲珑山处处都有苏大学士的影子：卧龙寺、三休亭，琴操墓、学士松，九折岩、醉眠石。

后人纂《玲珑山志》，开篇的八个字就是："玲珑虽小，苏轼曾登。"只有近代文人郁达夫道出苏轼经常造访玲珑山的背后故事，也深深为才女琴操鸣不平："山既玲珑水亦清，东坡曾此访云英。如何八卷《临安志》，不记琴操一段情？"

据传，琴操原名蔡云英。

到玲珑山小驻，观摩一番"九折岩"的题刻，再体会一下一气登到山顶的感觉，是不是会有分享"脚力尽时山更好，莫将有限趁无穷"的冲动？

还有，有没有荡气"九回肠"的感觉？

参考文献：

1. 杭州市第三次全国文物普查领导小组办公室、杭州市园林文物局：《杭州摩崖石刻》，浙江古籍出版社，2013年。
2. 〔宋〕吴曾：《能改斋漫录》，上海古籍出版社，1979年。
3. 《玲珑山志》编纂委员会：《玲珑山志》，汉语大词典出版社，1995年。

短暂去留的重游况味
——朱熹昙山题刻

朱熹昙山题刻位于西湖区周浦乡灵山村昙山西面山腰的仙人洞侧，刻于南宋绍熙五年（1194）。题刻原有两处，现仅剩一处。题刻为长方形，高0.36米，宽1.47米，从左至右竖刻，正楷，16列4行，共62字，字径7厘米，内容是朱熹到福建途中偕弟子同游昙山的题记。石刻最后罗列的名字，都是朱熹的门生。

昙山，又名狮子山，是钱塘江边的一座小山。山上怪石嵯峨，茂林深篁，山的东南面有溶洞，名仙人洞，内有南宋绍熙三年（1192）郑次山题写的摩崖石刻"清虚洞天"四字。洞口一侧，曾有南宋大儒朱熹的两处摩崖题刻，分别为："颓然见兹山，一一皆天作。信手铭岩墙，所愿君无凿。""绍熙甲寅闰十月癸未，朱仲晦父南归，重游郑君次山园亭。周览岩壑之胜，裴回久之。林择之、余方叔、朱耀卿、吴定之、赵诚父、王伯纪、陈秀彦、李良仲、喻可中俱来。"

如今，那首诗作的石刻已经被岁月漫漶，不见踪迹。

据考证，两处题刻，时间相距不到两个月，是朱熹在杭州给宁宗当老师期间题刻的。

朱熹是南宋时期著名的儒学大师，是德高望重的思想家、教育学家。他一生勤于著书立说、教书育人，培养了众多弟子，影响力一直到几百年之后，吸引"朱粉"无数。朱熹的"铁粉"康熙皇帝称朱熹为"集大成而绪千百年绝传之学，开愚蒙而立亿万世一定之规"，明确表示，朱子的"一句一字"皆为至理，若有人胆敢非议朱子，处以"离经叛道"罪。

这么一位受后人崇敬的大思想家、教育学家，为什么会在短时间内在昙山相距不远的地方留下这么两处题刻呢？

那个年代，他又是怎样被政治漩涡裹挟沉浮的呢？

南宋绍熙五年八月五日，朝廷下诏，任命在湖南长沙任职的朱熹为"焕章阁待制兼侍讲"，命他速速赶到杭州就任。当时，湖南瑶民蒲来矢起义，朱熹临危受命到湖南平定叛乱，刚上任不到一年，正准备击退瑶民后在长沙好好做一个有为的地方官，却立马接到就任京官的通知。

走吧，才改建好的岳麓书院是没法再亲自到此讲课了。朱熹从右丞相赵汝愚寄来的私信中知悉，小皇帝刚

朱熹昙山题刻

刚被登基,许多善后事项还等着规范就绪,老赵是有点吃不消了,才请自己出马,朝廷里肯定还有许多大事等自己去做。简单收拾一番,朱熹一行就匆匆前往杭州就任。当时,从四川、湖北、福建、浙江、安徽等地涌来了大批学子到岳麓书院听朱熹讲经,没想到才听了几节课先生就要走了,弟子们将他送出很远才不舍离去。

时值中秋。一路上,朱熹见乡民们沉浸在收割庄稼的丰收喜悦之中,抑郁的心情不觉好了许多。这次进京,是他第一次做京官,也可能是最后一次。朝中的是是非非他一直不愿意搅和进来,但是没办法,老朋友、右丞相赵汝愚是他倡导的道学的积极支持者,他力荐朱熹给宁宗当老师,并在私信中反复恳请朱熹助力于他。信中明言,帮助他,也是帮助当朝。

朱熹隐隐觉得这次入朝会有麻烦。

一路舟车劳顿,中秋节前,朱熹一行到了杭州。汹涌澎湃的钱塘江大潮,就像一条黄龙,沿着江面不停滚动,不时激起巨大的浪花,气势壮伟。西湖则缥缥缈缈,仍然有苏轼笔下西子的不老容颜,浓淡相宜。

到崑山了,天阴沉沉地像要下雨。朱熹环顾一周,命随行弟子到山上的龙川别墅,看看曾经就"义利王霸"和自己争辩得面红耳赤的学术对手在不在家,他想拜会这位老朋友,有时间的话再约这些浙江学派高手论辩一番。

龙川是陈亮的名号。陈亮是当时浙学"永康学派"的代表人物,跟随弟子众多,时人称他为"龙川先生"。陈亮为人正直,一生殚精竭虑、忧于国事,颇多坎坷,去年他参加礼部的进士考试,中了状元,被授职签书建康军判官厅公事，在朝中任职。

派去的弟子不久回来报说，龙川先生已于年初病逝，现其长子陈沆正在家中守制。朱熹听后大恸，急匆匆上门去祭拜了一番，他与陈亮虽然学术观点上相左，但两人私交极好，朱熹一面痛惜好友离世，一面又为失去了一位倡导经世济民的"事功之学"的好官的大宋百姓惋惜。

祭拜之后，朱熹与陈沆长谈了一番，了解了朝中的一些微妙关系，知道了外戚韩侂胄在朝中争权夺利，安插亲信背地里使坏，打击赵汝愚等辅佐老臣的行径，一时间心情更加沉重。

次日，朱熹应陈沆邀约，又去找了同在皋山隐居的郑次山等人，一起游赏皋山。他们见幽洞垒岩上前辈的题刻不少，陈沆、郑次山等人便提议朱熹也题壁留墨，为皋山留一段佳话。石壁上，前人题壁的字迹有的已被人为销毁，联想到前朝因学术异见而引起的政治风波，朱熹真不希望当朝再发生"党禁"行为。有感于此，他便题了一首诗："颓然见兹山，一一皆天作。信手铭岩墙，所愿君无凿。"

朱熹的字端严典雅、遒劲酣畅，诗作内容虽自谦是响应"天作"，众人却读得出老先生的隐忧。一番赞叹后，郑次山吩咐随从找刻工在自己题写的"清虚洞天"南侧的崖壁上将这首诗刻好。

朱熹不敢在皋山多作逗留，赵汝愚着急地等着他，新登基的皇帝需要他，他匆匆辞别陈沆等人，赶紧到朝廷报到。

前面提到新任皇帝"被登基"，实际上是这么回事。

绍熙五年六月九日，太上皇宋孝宗逝世，宋光宗称病迟迟不能主持葬礼，面对朝廷复杂微妙的局势，知枢密院事、皇室成员赵汝愚就牵头，拥立光宗之子赵扩（即宋宁宗）为皇帝，强行让光宗皇帝做了太上皇，史称"绍熙内禅"。当时韩侂胄是宫廷内臣，也参与了这件事。事成后，韩侂胄希望论功行赏，封他为节度使，遭到了赵汝愚的反对，韩侂胄因此对赵汝愚产生了怨恨。

朱熹一入朝，就给新登基的宁宗呈了三道奏折，把在湖南任上没处理完的事务处理完，然后全身心辅导宁宗。按照宁宗的作息时间，朱熹和内侍安排了课程表：双日讲经，单日自由复习。本来小皇帝对朱老夫子那一套儒家道学理论就提不起兴致，现在又搞密集式速成培训，没多久就产生了厌烦情绪。内官韩侂胄将这一切都看在眼里，他千方百计寻找的搬倒赵汝愚的办法有了，那就是先撵走朱熹。朱熹弟子众多，声名远播，在朝中的实力也不容小觑，撵走朱熹，就等于断了赵汝愚的一条胳膊。

一有机会，韩侂胄就利用和宁宗接近的机会说朱老夫子的坏话，找乐子逗小皇帝开心。渐渐地，宁宗由不喜欢听课，到找理由躲课，再到干脆不请假就逃课、旷课。当时，前前后后有十位大儒被请来给宁宗讲经，都被他折腾得够呛。朝中政权围绕着以赵扩为代表的君权、赵汝愚为代表的相党、韩侂胄为代表的近习（皇帝宠信）势力和朱熹为代表的道学势力展开微妙又残酷的明争暗斗。

朱熹明白个中缘由，本想躲开漩涡中心，最后还是不幸被卷了进去。

绍熙五年闰十月十九日晚，也就是朱熹到朝廷报到开始算起的第四十六天,他在宫里给宁宗讲《大学》里的"格物致知",宁宗开始心不在焉,随后就打起瞌睡来。朱老夫子见皇上如此目中无人,心凉了半截,本打算宣布下课了事,回头瞥见小皇帝正偷眼看自己,一下子火气上来,直接批评赵扩好大喜功,就喜欢空谈,不做实事,要他多下"持敬"和"诚意"的功夫。见朱老夫子声高八度指着自己训斥,小皇帝也恼了,把朱熹给轰了出去,让他以后别来上课了,滚回老家带徒子徒孙去。

朱熹气得一夜没睡。韩侂胄见机会来了,趁机进言让皇帝出内批,就是直接从宫内传出圣旨,罢黜了朱熹。受无数弟子崇拜的朱熹没想到做帝师碰了一鼻子灰,沮丧到家了。

被罢官后,朱熹领着几位门生准备回武夷山去,继续著书立说,但他的脑海里始终拂不去皇帝生气时的影子。他知道宫廷斗争的复杂和残酷。远了说,前朝的苏东坡就差点被宫廷斗争害死;近了说,陈亮就是活生生的例子,几次差点被莫名其妙弄死。

山雨欲来,怕是要出事。

赶紧走吧。

回程的路上,朱熹又去了昱山。他要和陈沆、郑次山等一干朋友道个别,这一去,很可能再没有见面的机会了。在昱山,朱熹徘徊良久,考虑要不要见面告别,最后还是去见了陈沆、郑次山等友人,并在仙人洞的南侧崖壁上留下了表露矛盾心情的"到此一游":"绍熙甲寅闰十月癸未,朱仲晦父南归,重游郑君次山园亭。周览岩壑之性,裴回久之。林择之、余方叔、朱耀卿、吴定之、赵诚父、王伯纪、陈秀彦、李良仲、喻可中俱来。"

绍熙五年十一月二十日，朱熹一行回到福建建阳考亭，三个月后传来赵汝愚被罢黜的消息，许多上书求保赵汝愚的人或被贬官或被流放，当权新贵们干脆把朱熹一派的学说称为"伪学"。朱熹的担忧不幸成为事实，新的"党禁"迫害开始，史称"庆元党禁"。

庆元三年（1197）正月，朱熹落职罢祠的文书和朱熹的高足蔡元定的流放令同时下到，师徒俩喝酒放歌作别。紧接着，反道学新贵们列出了一份黑名单，确定了包括以赵汝愚为首的四名宰相和以朱熹为首的十三名待制以上官员在内的五十九人的伪学逆党籍，连朱熹注疏的《六经》《论语》《孟子》《中庸》《大学》都被列为禁书，谁若是在科举考试中用了这些书上的语句就直接剥夺考试成绩。

庆元六年（1200）三月初九日，一代大儒在党禁的白色恐怖中去世。

幸好，朱熹在昱山的题刻没有像当年苏东坡的题字那样被凿掉，令人还能一观其风采。

参考文献：

1. 杭州市第三次全国文物普查领导小组办公室、杭州市园林文物局：《杭州摩崖石刻》，浙江古籍出版社，2013年。
2. 〔明〕田汝成辑撰，尹晓宁点校：《西湖游览志》，上海古籍出版社，2017年。
3. 张立文：《朱熹评传》，南京大学出版社，1998年。

武士的人文情怀
——徐庆超"忠孝节义"题刻

云居山，位于杭州上城区清波街道，山上靠西湖的一侧，有一处高达两米的"忠孝节义"摩崖题刻，字为阴文楷书，落款"岭南徐庆超书"。题刻右上角有纪年"道光庚寅冬"，左上角有题赞："力能拔山，笔可扛鼎。屹若卧虎，决如骥骋。日用伦常，目触心警。心正笔正，万年斯永。汤贻芬赞。"距此题刻不远，还有一个直径一米多的阳文楷书"寿"字题刻，落款"道光庚寅冬月，岭南徐庆超书"。

云居山上奇石林立，玲珑剔透，有石壁题刻二十多处，其中最醒目的就是"忠孝节义"和"寿"字题刻。这两处题刻，字体端严，肃立崖壁，有人说，这是前人的警示，只要把"忠孝节义"搞懂、践行，定会长寿！

仔细琢磨，还真有些道理。

书写题刻的徐庆超是乾隆六十年（1795）的武进士，在云居山题刻时，任闽浙陆路总兵、显武将军。这时的徐庆超武能将兵，文能著书，为官清廉，为人忠厚，恪守忠孝之道，深得时人尊敬。他的大字书法深得时人称许，被赞为"善武又能文，作书如用兵"。徐庆超一个喜欢画画的部下曾为他画了幅肖像取名为《春波洗砚图》，一时间有五百多位名流贤达为画像题诗赞颂，有人把这些诗赞编辑成《春波洗砚图诗集》，可惜后来毁于战火，现在我们能看到的只剩六十余首，其中便有大名鼎鼎的林则徐的品题诗作。

清朝道光十年（1830）十一月中旬吉日，杭州的天气微寒中带点暖意。闽浙陆路总兵徐庆超早早起床，命厨师赶紧做早饭后，就急匆匆地沐浴更衣，穿戴整齐后到奉祖堂给祖先上香礼拜。今天，他要参加一个重要的活动仪式——为自己摩崖题刻的"忠孝节义"剪彩。为了确保万无一失，他要早点到现场最后再审视一遍。

来到云居山侧，只见许多工作人员在忙碌地布置现场。西望，西湖的水面上还悬浮有丝丝雾气。

能在众多名人雅士题壁留墨的杭州西湖边也题写下自己的作品，是武进士出身的徐庆超多年来的一个心愿。如今这个愿望终于实现了。西湖边，徐庆超不但题壁留墨了，而且一整就整了个特大的。

因此，当徐庆超站在刚刚刻好的两米多高的"忠孝节义"四个大字跟前时，有种说不出来的激动和感慨。

回想当初，他这个被人白眼的"一介武夫"，在朝中受尽了那些个官宦子弟和虚伪之徒的挤兑。

老夫如今留壁题字了，并且是在全国最有名的风雅之地，谁还敢说老夫只是"一介武夫"！

此时此刻，徐庆超让自负的小心情略微飞扬了一会儿，意念中和白居易、苏东坡……那些两宋名流、明清君臣，凡是在西湖及周边留迹的，都打了个照面。若不是有部下催促打扰，他还想和更多古人意会。看着身前身后这些护卫和一同前来剪彩的高朋名士，过往的一些个片段在徐庆超脑海里不断闪现。

三十多年的宦海生涯，一步步走来，还多亏了小人和异己的"挤对"。

徐庆超出身寒微，力气大，武艺高，考中武举人后，便进京参加武进士考试。考中武进士是许多练家子梦寐以求的目标，一旦高中，就成了国家栋梁，有了更多的用武之地，也不用在江湖混迹讨生活了。因此，每次的武进士考试，够条件的各路江湖人士都跃跃欲试，正派人士刻苦练功，希望自己能用高超的武艺夺取功名；那些使巧想走捷径的，就使尽各种招数，力阻那些有威胁的选手。毕竟武进士考试是隆重和严肃的，那些个擅用旁门左道、使用下作手段的人也不敢在皇帝眼前太放肆，于是就贿赂拉拢些考场的工作人员，在考试道具上做手脚，让那些有实力的考生因失误而退场。

徐庆超永远不会忘记考场上举石狮子科目时的情形。轮到他上场时，有居心不良的人偷偷在石狮子上涂了油蜡，希望徐庆超考试失利出丑。不知就里的徐庆超扎稳马步，一声呼喝，一下就把石狮子举过头顶，可是很快他就发现了不对劲：举在空中的石狮子在手中打滑，未等人站稳就飞速往下滑落，眼看着就要砸到脚面，旁边看笑话的人猛喝倒彩。就在石狮快要落地的瞬间，徐庆超急中生智，飞起一脚，将石狮子骨碌碌踢出好远。现场的监考官们愣了，他们没见过这种招式，问徐庆超是什么武术招式，徐庆超灵机一动，回答是"狮子滚球"。在场的乾隆皇帝见考生反应机敏、功夫了得，便提名徐庆超为武进士，并钦点他为殿前侍卫。

本来想作梗让徐庆超考试失利，没想到反而成全了他，那些使坏的人怎能心甘。此后，他们一得机会就乘机使绊子、下套子，想尽各种办法挤对这个"岭南乡巴佬"。

考场考试过了，可职场的人生考试才刚刚开始。为人忠厚的徐庆超总是以宽厚的为人之道和多年的习武心得将这些刁难一一化解。

徐庆超忘不掉那个引领他学书写字的同乡宋湘。如果他现在还健在的话，一起在杭州，在名人荟萃的西湖边题字摩崖，那该有多好呀！说不定还能成就一段佳话，只可惜斯人已去。"宋湘，宋湘，你虽然曾拜徐某为师，你又何尝不是徐某的老师啊！"

徐庆超想起多年前的那场午夜殿试，他是维持考场秩序的工作人员。那晚北风呼啸，靠窗户边的一位考生的蜡烛不时被风吹熄，徐庆超见状，急忙走近这位考生，帮他点蜡烛，又用自己的长袍为他挡风。他见考生因灰尘和浓墨混合附着在毛笔上，书写很吃力，就从靴筒中取出一支上好的新毛笔递上。考生用眼神递上感激和微笑后，用这支新毛笔顺利地答完殿试考卷。考生叫宋湘，殿试中了进士，被授予翰林院编修。为答谢徐庆超考场相助的行为，宋湘拜他为师。

自此，这两位岭南老乡成了好朋友。徐庆超教宋湘打拳习武，宋湘教徐庆超练字习书。说实在话，一个武官，老往文人聚集的翰林院跑，在重文轻武的时代，自然饱受讥讽和嘲弄。徐庆超不以为意，他把这些当成学习进步的养料。在宋湘的精心指导下，徐庆超刻苦学习经典，认真研习书法，终于练就了写擘窠大字的本领，尤其擅长写各种字体的寿字。

很快，扬眉吐气的机会来了。

嘉庆四年（1799），嘉庆皇帝为母亲做寿，在朝中征集"寿"字，许多翰林学士写的"寿"，都不称嘉庆的意，可当徐庆超的"寿"字挂出来时，众人惊叹了：那筋肉丰满、笔力遒劲的大字，沉稳中蕴蓄着仙气。嘉庆皇帝看后非常满意。宋湘见状，当场作对，和徐庆超的"寿"字一起挂在中堂。这个木讷的武夫还真有一刷子，那些个轻慢嘲笑徐庆超的翰林们不由得对他另眼相看了，从此笑脸迎接这"一介武夫"。

徐庆超明白，想要抵挡别人的白眼和冷言，就得用勤奋说话，用行动和事实证明。虽说他的书法得到了大家的肯定和皇帝的赞许，但要写得像自己打拳练武般随意自然，达到人神合一的境界，恐怕还得下很多功夫，更别说和那么多文人雅士相提并论了。练字之余，他就把自己多年来习字作书的心得记下来，天长日久，整理编成了一本小册子《字林便览》，既可让自己温故知新，也能为学书习字的人提供点启示。

"忠孝节义"一直是徐庆超倡导和践行的信念。多年来，这个信念一直涵养着他，成就着他。他认为，一个人能一生对照这四个字要求自己，真正做到了，就很了不起，他要趁现在有能力做事情的时候，大力倡导"忠孝节义"。每每走在西湖边，走在吴山、小九华山等地，那些个揣摩过多遍的摩崖题刻，就会令他生发出许多启发。杭城的人文底蕴，历经千百年的石刻，如今还能在他面前呈现本来面目，这是多么好的宣传载体啊。他决定加入这众多的摩崖石刻中。经过多次勘察选址，他选定了云居山靠西湖一侧的石壁，要在西湖边上留下一壁最大的摩崖石刻。之后，徐庆超特地定做了数管大提斗笔，专心练习"忠孝节义"四个大字，并亲自指导书丹上石。每个字高 200 厘米，宽 135 厘米，阴文楷书，远远看去，气魄宏大，颇有将军风度。

当时，有人提议："徐总兵不如把当年受到皇上赞许的'寿'字也摩崖一壁，岂不更好！"于是，在离"忠孝节义"题刻不远处，一个大大的"寿"字出现了，字高 140 厘米，宽 90 厘米，阳文楷书。

第二辑 寻踪名士屐痕

云居山"忠孝节义"和"寿"字题刻

道光十年的冬天，云居山侧，石壁生辉。两组擘窠大字题刻令游人们赏心提神，一时间传为佳话。

徐庆超曾经的老同事、老朋友，诗书画全能的汤贻芬见到"忠孝节义"这四个显豁的擘窠大字后连连称绝，当下就点赞评论，并亲书题刻赞语于大字左上角。

一时间，云居山侧的"忠孝节义"和"寿"字题刻声名远扬，其他题壁相形之下显得更小了。

道光十四年（1834），徐庆超病逝，西湖边的"忠孝节义"和"寿"字题刻为后人留下更多的议论话题。有人说，只有这武夫能干出这种事；也有人说，多亏了这人的好人品，不然，这两处题刻早就像飞来峰上杨琏真加的塑像，被人销毁了。

好像有轻慢之色。

如果到西湖游玩时到这四个大字跟前，你肯定也会点赞：

这个"武夫"，厉害！

参考文献：

1. 金志敏：《杭州凤凰山摩崖萃编》，西泠印社出版社，2014年。

2.〔清〕丁敬：《武林石刻记》，清乾隆间汪氏求是斋抄本。

齐家修身，正风教化后人铭
——南屏山《家人卦》石刻与阮元题记

《家人卦》刻在南屏山北山腰的一块大岩石上，旁边还有《乐记》《中庸》和阮元题记。《家人卦》所占面积宽2.21米，高2.71米，隶书20行，每行17字。

南屏山《家人卦》石刻是司马光的手迹。可是，司马光是北宋名臣，并没有在杭州留下什么石刻呀，况且左近还有《乐记》和《中庸》的石刻，如果是他亲自安排的，元祐"党禁"时怎么没被凿掉呢？在当时，司马光可是头号"党禁"对象啊。

的确，司马光《家人卦》题刻不是司马光本人所写，清代著名的金石学家阮元找到了证据：南屏山的司马光手迹石刻，是其后人照着他的手迹模刻在南屏山的大石头上的。

那么，这位后人又是谁呢？

南宋初，被金人追得一路南逃的宋高宗不忘把自己喜欢的书籍和书画作品带在身边。虽说一路奔命难免令人狼狈沮丧，但得空喘息之时的雅兴还是要的。绍兴六年（1136）十月庚辰，宋高宗和大臣们议完朝政，聊起了前朝大臣的轶事和臣子该如何忠于君王国事的话题。宋高宗抄起案头放的司马光用隶书抄写的《中庸》与《家人卦》说："朕最佩服司马温公（司马光过世后被追赠为温国公）的为臣之道，他一生温良谦恭、刚正不阿，做事用功、刻苦勤奋，是后辈学习的楷模。你们看，司马温公写的隶书，端劲方整，就像是汉朝人写的字，没有沾染一点儿时风流弊。朕的手边有五卷司马温公的手书真本，除《中庸》与《家人卦》，还有《乐记》《孝经》等经典章节，每天朕都要认真看上几遍，不光是欣赏他的书法，更是阅读他的修身齐家治国之道。每每读温公作品，就有'凛然如对盛德君子'的感受。你们谁见过司马温公的行书？没有吧。温公从来只写两种字体，楷书和隶书，就连皇皇巨著《资治通鉴》手稿的修改处，也是端严规整的正楷书。你们看温公的隶书，自成风格，

《家人卦》石刻拓片

少了《曹全碑》的秀逸，多了《张迁碑》的厚重，字体拉长，方笔沉着，弧线圆劲，朴拙中显秀美，端严处彰精神，给人肃穆上进的气象。"

大臣们听完宋高宗的一番高论后，纷纷提议把司马温公的《家人卦》等手抄文本书丹刻石，一来可做永久纪念，二来后人可根据拓本观赏临摹温公书法，三来可学习温公的修身齐家治国之道，提高个人修养。

在宋高宗流亡期间，有一位司马光的后人一直跟随左右。他叫司马伋，是司马光哥哥司马旦的曾孙，为人有其曾爷叔的风范。据说，宋高宗听了大臣们的建议，将司马光的手写真本交到司马伋手里，命他在西湖边找个合适的地方摩崖刻石。

让司马温公的后人刻石纪念先人再合适不过了。

司马伋领命后，开始在西湖周边寻找能将几篇曾爷叔抄写的经书刻在同一块石头上的地方。飞来峰是佛地造像，不适合；吴山名人题刻很多，没找到合适的石头。多方打探找寻，始终找不到合适的场所。正在焦灼挠头之际，净慈寺住持让人去找司马伋，说寺院背后的南屏山上有一个神仙洞，离洞不远处有一块大石头，前后都露出地面，石头的右前方有米芾题刻的"琴台"，把温公的《家人卦》等手抄经典刻在这块石头上再合适不过了。得到讯息，司马伋找到石刻工匠，立马就去查看，确实是一块好石头，是一处好地方。站在那里，背靠山峰前有湖水，净慈寺的晚钟悠扬清心，雷峰塔上的沙燕伴着寺庙黄昏的钟声返巢归息，唯美。

马上开工清石。

于是，位于西湖边南屏山北山腰上的那块大石头上，就有了司马温公的《家人卦》《乐记》《中庸》三篇隶书摩崖石刻，其中《家人卦》位于石刻正面，最具知名度。

字是刻好了，可为什么没有留下书写者的姓名和摹刻时间呢？是家人有所顾忌，不知道怎么落款？又或是害怕再来一次"党禁"？

宋徽宗崇宁元年（1102），司马光虽然已经作古，但依然被宰相蔡京列为"元祐党人"黑名单之首，并将这份黑名单刻碑立在端礼门之外，誓要清算到底。那时，被"党禁"的人，无论题刻还是碑文、匾额，只要是位于公共场合的，都要销毁干净，苏东坡的许多题刻就是这样被刮凿毁掉的。司马光的后人可能还有"党禁"时的心理阴影，也就没记勒石摩崖的时间和书写者姓名。

《家人卦》就是《周易·家人》卦辞，内容为：

家人：利女贞。象曰：家人，女正位乎内，男正位乎外。男女正，天地之大义也。家人有严君焉，父母之谓也。父父子子，兄兄弟弟，夫夫妇妇，而家道正，正家而天下定矣。象曰：风自火出，家人君子以言有物而行有恒。初九：闲有家，悔亡。象曰：闲有家，志未变也。六二：无攸遂，在中馈，贞吉。象曰：六二之吉，顺以巽也。九三：家人嗃嗃，悔厉，吉。妇子嘻嘻，终吝。象曰：家人嗃嗃，未失也。妇子嘻嘻，失家节也。六四：富家大吉。象曰：富家大吉，顺在位也。九五：王假有家，勿恤，吉。象曰：王假有家，交相爱也。上九：有孚威如，终吉。象曰：威如之吉，反身之谓也。

全篇共202字，意思是：女子在家中有正当地位，男子在社会上有正当地位。男女都有正当地位，就合乎天地间伟大的道理了。一家人要有威严的领袖，所说的就是父母。父要像父，子要像子，兄要像兄，弟要像弟，夫要像夫，妻要像妻，这样家道就会端正，端正了家庭，天下就会安定。《象传》说：风从火中生出，这就是家人卦。君子由此领悟，说话要有根据，行动要有常法。初九：家中做好防范措施，懊恼消失。《象传》说：家中做好防范措施，要在初衷未曾改变之时。六二：不可随心所欲，要主持家庭中的饮食，结果一定是吉祥的。《象传》说：六二的吉祥，是因为柔顺并且随顺。九三：家中有训斥之声，会带来懊恼及危险，但还是吉祥的。若是妇女孩子放肆嬉笑，最终会有苦难。《象传》说：家中有训斥之声，表示尚未失去家庭的规矩。若是妇女孩子放肆嬉笑，则已经失去家庭的规矩了。六四：使家庭富裕，非常吉祥。《象传》说：能使家庭富裕而非常吉祥，是因为随顺而处在适当的位置上。九五：一家之主通过自己的行为感染带动家里的人，使他们各自都按照自己的本分和职责去做，是会吉祥如意的。《象传》说：一家之主通过自己的行为感染带动家里人的关键是要能使全家人和睦相处，相亲相爱。上九：有诚信而有威严的样子，最终一定会获得吉祥。《象传》说：有威严的样子可以吉祥，是说要能够约束自己。

当年，司马光编著《家范》，《家人卦》是作为序言中的首篇推出的。

《家范》是一本为时人所推崇的家庭教育范本，司马光十分看重，认为这本书比他编著的《资治通鉴》还重要，他深信"欲治国者，必先齐其家"。全书内容依伦理关系，细分成治家、祖、父母、子、女、孙、伯叔父、侄、兄弟、姑、姊妹、夫、妻、舅甥、舅姑、妇、妾、乳母等十九篇，主要通过引经据典，讲述某位历史人物在齐家修身方面的言行，为后人树立一个"尊礼"的榜样。他把家庭教育视为治世修身最重要的环节，实在是眼界高远。

司马光曾是北宋的重臣，他一生为官清廉正直，为臣勤勉忠诚，为子为弟，为夫为父，一生都在践行他在《家范》中倡导的礼教。少年时砸缸救人，为乡里广为称道；为官时上司受到朝廷问罪，他主动承揽责任；唯一的夫人不能生育，想给他纳个小妾，被他严正呵斥。他的名字在当时家喻户晓，有小孩子撒谎，家长就会说"看司马光来了你还敢不敢撒谎"。宋哲宗元祐元年（1086）九月初一，《资治通鉴》在杭州校订雕版前一个月，司马光去世，当时，从全国赶到京城送葬的人络泽不绝，足有好几万。哲宗见司马光如此得人心，就追赠他为温国公，诏令天下各地"皆画像以祀，饮食必祝"。一时间，全国都在祭奠这位德高望重的尊者。

绍兴八年（1138），宋高宗把杭州定为"行在"，也就是临时国都。司马伋把在南屏山摩崖的司马光《家人卦》等石刻拓了若干份，送到宋高宗手中。宋高宗展抚良久，将拓本分别送给身边大臣，寓意自不多言。

有意思的是，绍兴十九年（1149），远在广西融水做官的司马光另一个曾孙司马备在当地一个溶洞的石壁上也摹刻了司马光的《家人卦》，标题是《宋司马太师书家人卦》，还明确记载了摩崖的原因和时间："先太师温国文正公书此于家，曾孙备因倅融水，谨摹刻于郡南老君洞之石壁。绍兴十有九年，岁在屠维大荒落重午日记。""岁在屠维大荒落重午"就是己巳年端午节，落款的纪年方式模仿了司马光《资治通鉴》中的纪年方式，颇有纪念意义。

老君洞是融水城南一个宽敞明亮的大溶洞，石壁上有很多宋人题刻，还有宋太宗的赐书摩崖。本来就喜欢搞摩崖石刻的司马备，见有这么一个适合题写摹刻的所在，自然不会放过，就把珍藏多年的祖爷爷最擅长的八分隶书《家人卦》摹刻在洞中。

因为杭州南屏山《家人卦》没有落款，没过百年就引起许多研究者的争论。有说是司马温公手笔的，有说是唐人刻写的，还有说是司马光父亲司马池在杭州当官时刻写的。一直到清朝有个叫谢苏谭的官员到粤西任巡抚时发现融水老君洞中的题刻，才了了这场争讼。阮元在杭州做官时专门把广西融水石刻《家人卦》和杭州南屏山石刻《家人卦》作了比对和考证，确认是司马光的隶书摩崖，并在石刻左上方留了题记佐证。

参考文献：

1. 鲍挺华：《杭州华港摩崖萃编》，浙江古籍出版社，2018年。
2.〔清〕阮元：《两浙金石志》，浙江古籍出版社，2012年。

一通残碑，几许浩叹
——岳王庙文徵明《满江红》碑刻

岳王庙文徵明《满江红》碑刻，通高203厘米，宽115厘米，落款是"嘉靖九年（1530）十月二日书，徵明"。

西湖边的岳王庙内有一条碑廊，藏历代碑刻百余通。走进岳飞墓的园门就可看见两侧的碑廊，整体整饬庄严，北廊是岳飞诗词手迹和宋高宗给岳飞的手札等，南廊是历代名人的凭吊题咏和《岳庙重修碑记》。

在众多凭吊题咏的碑刻中，明代文徵明撰写并书写的《满江红》非常惹人关注。碑文如下：

满江红

拂拭残碑，敕飞字，依稀堪读。慨当初，倚飞何重，后来何酷。果是功成身合死，可怜事去言难赎。最无辜。堪恨更堪怜，风波狱。　岂不念，中原蹙。岂不惜，徽钦辱。但徽钦既返，此身何属？千古休夸南渡错，当时自怕中原复。笑区区一桧亦何能？逢其欲。

右题宋思陵与岳武穆手敕墨本

嘉靖九年十月二日书　徵明

杭州岳王庙中的文徵明《满江红》题刻拓片

有好事者曾辑录了一段视频发抖音上：一名流浪汉头头是道地给前来拜祭和参观的游客讲解这首词的蕴意。这首词不仅仅和岳飞著名的"怒发冲冠"为同一个词牌名，更主要的是词人说出了历史背后君王的阴谋和心思：千古休夸南渡错，当时自怕中原复。有人立马跟帖，伟大的无产阶级革命家毛泽东主席曾点评：主和的责任不全在秦桧，幕后是宋高宗，秦桧不过是执行皇帝的旨意。高宗不想打，要先"安内"，不得不先向金人妥协。文徵明的这首词，可以一读。

一时间，这名网红流浪汉的讲解让到岳王庙祭拜的游人都要到碑廊看一看、读一读这位明代大师级人物亲自填词书写的碑刻。

文徵明是明代著名画家、书法家、文学家、鉴藏家，其诗、文、书、画无一不精，人称"四绝"。他长期居住在苏州，与沈周共创"吴派"，在画史上与沈周、唐寅、仇英合称为"明四家"；在文学上，与祝允明、唐寅、徐祯卿并称为"吴中四才子"。

其实，这首词是文徵明和几位文朋好友聚会时，同题作文游戏所得，文徵明和他的老师沈周都填写了。

这次的聚会及同题作文则是因为一块出土残碑。

明正德初，书法篆刻家沈润卿从地下挖出一块残碑，经仔细辨认，是宋高宗给岳飞的诏书碑刻。于是，他约了金石书画界的朋友及当时业界名流沈周、文徵明、祝枝山等一起赏鉴。

宋高宗可是南宋时期一等一的书法高手，这块残碑上刻的字，笔墨流畅有韵致，诏书内容言辞恳切，赞扬

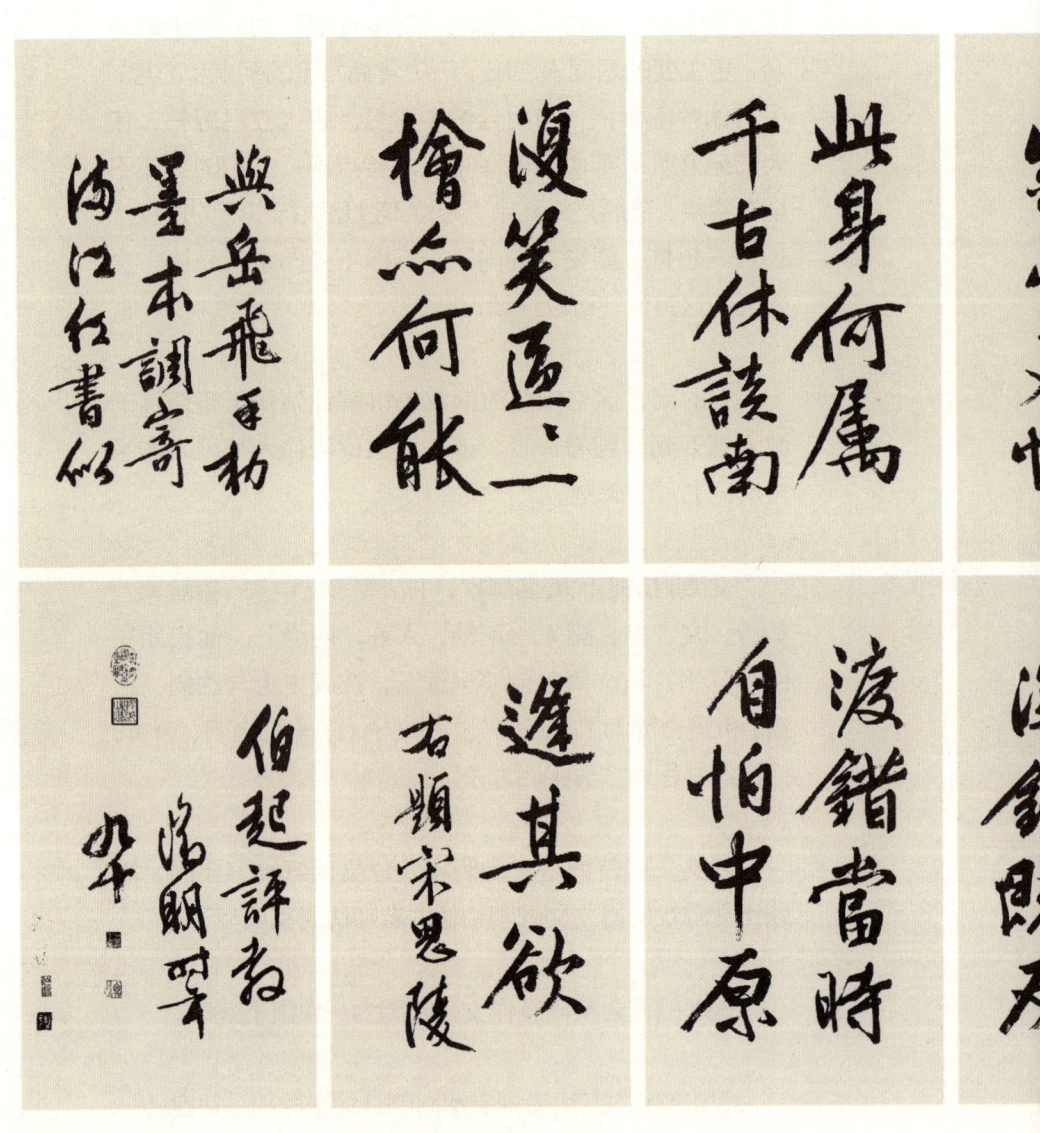

台北故宫博物院藏文徵明《满江红》手书墨本

拜挨殘勒飛字依稀堪讀悅當幼倚飛何重後來何酷果是功成耳合死可憐事去言難贖最無辜堪恨更堪悲風波嶽豈

岳飞守土辛苦，还说岳飞如果有什么困难，可以随时告诉他。

"一代君王如此宽厚有仁心，也算明君了。"读碑之后，有人感叹。有人当场就批驳了这个观点，说："那不过是宋高宗伪善的一面罢了，当时宋高宗可是主张和议的。"

大家一番品评议论之后，有人提议："当年，岳飞曾填写一阕《满江红》，那悲愤激昂的'待从头收拾旧山河，朝天阙'的词句曾激励多少后人为民族大业前仆后继，单本朝就涌现出许多可歌可泣的英雄人物。我们何不以'宋思陵与岳武穆手敕'为题，也填一阕《满江红》？"众人当下表示赞同，各自进入创作状态。

宋思陵指的是宋高宗，因为宋高宗的陵墓叫思陵，故称。当时，文人圈里对前朝的君王、名人有许多称谓，有的是约定俗成，有的是根据创作诗文时的意蕴和环境而定名。从名号称谓也能读出作者的态度。

词填完后统一交到沈周沈老这里，然后大家一起点评。文徵明的词作以用词蕴藉率直，构思新颖独到，意蕴丰厚深刻，说出了人们想说而没说出的感慨，得到了大家的一致推崇，众人纷纷要求文徵明挥毫。当时，文徵明才三十多岁，意气风发，处于创作的最旺盛年龄段。于是，一幅幅有黄山谷笔意的书法作品被在场的人收抢一空。后来，每有朋友索要诗词墨宝，他就亲自抄写好送出，有时书写时还对个别字词进行调整修改。台北故宫博物院收藏的文徵明九十岁书的这首词的墨迹和岳庙碑廊的碑刻文字就有几处不同。

转眼又到新春。文徵明看望过生病的老师后，回家整理一年来创作的诗稿，对《满江红》中的个别字词进

岳庙碑廊

行修改后收录入册。每年这时候，文徵明都会将上一年的诗稿书写成册，然后装订、归档，有条不紊。这是文徵明从小养成的习惯。他知道自己先天条件不足，已经记事了，还不敢在人前开口，以至于被人误解为七岁还不会说话。他牢记父亲的教导，刻苦自励，过段时间就归纳一下自己的学习成果，渐渐成为习惯。今天的成就是自己勤奋换来的，不可有一丝懈怠。

文徵明一生踏实勤奋，年过九十，临终前还在为别人写碑文。这些事迹都被收藏研究文徵明作品及其成就的王世贞写进了《文先生传》中。

王世贞是活跃在嘉靖和万历年间的文坛领袖。他是文徵明的"铁粉"，不仅大量收藏研究文徵明的字画、诗文，还根据多年采访收集的文徵明资料，撰写了《文先生传》，和文徵明、文彭、文嘉父子结成忘年交。他比文徵明小五十多岁，比文彭、文嘉哥俩小三十多岁，在文徵明父子跟前，论年龄只是个孙辈，但是文徵明却非常看重这个晚辈。王世贞永远也忘不掉十八岁那年，七十五岁的文老先生专门到他家来，和他这个少年一同鉴赏自己收藏的字画；他永远记得那年到苏州看望先生并索要墨宝时，先生专门书写了诸葛亮的《前后出师表》长文相赠，这让王世贞这个后辈感动了好久。要知道，文徵明当时可是苏州乃至全国最热门的书画大家，上门来求购书画的人络绎不绝，常将其门槛踏破。但文徵明有自己的规矩，"生平三不肯应"：一是不给藩王作画，二是不给太监作画，三是不给外夷作画，一直秉持儒家正统士大夫的操守，矢志不移。

一日，王世贞从朋友处收到一幅文老先生于嘉靖九年十月二日书写的《满江红》墨宝，爱不释手，反复观摩。他还上门请示文老先生，获得其首肯后便将这幅墨宝刻碑立在杭州岳王庙岳飞墓边上，供人们在岳飞墓前凭吊时追思怀古。

风云变幻，白云苍狗，这块碑刻历经更迭兴废，成了残碑。现在我们看到的碑刻是当代人依照拓片，将残破的中段碑文补刻上去的。

你们如果感兴趣，可对照台北故宫博物院收藏的文徵明九十岁时书写的墨迹，看看老先生在近三十年时间里，书法艺术的变化和成就；再比对一番修改过的个别字词，体会异同。

参考文献：

1. 邓璐冰：《绚烂之极归于平淡的文徵明》，《湖南省博物馆馆刊》，2015年。

第三辑

悟证佛国法相

秦始皇缆船石的佛缘
——大石佛院宋大佛造像

杭州的宝石山南麓有一块巨大的奇石，石体布满了方形榫眼，立在一壁断崖边，远远望去，像一尊大佛。

实际上，它就是一尊大佛，一尊曾经金碧辉煌的大佛，只是历经战火风雨的侵蚀，成了现在的模样。

这尊大佛就是今天的"大石佛寺造像"，前身是秦始皇的缆船石，北宋时期，一位和尚将其雕成佛像，涂了金身，供人瞻仰。后来，人们也叫这块石头为"钱秦石宋大佛"，成为杭州最古老的地标。

  两千多年前，雄心勃勃的秦始皇决定南巡会稽，祭奠大禹。当出巡的队伍沿水路到达钱塘江时，突然遇到了狂风暴雨，无奈之下，只能将船停泊在了宝石山下。当时，为了抵御恶浪，随行人员把船的缆绳系在了一块大石头上。从此，这块石头就成了杭州特殊的地标，人们叫它"秦王缆船石"。这段故事可以从司马迁的《史记·秦始皇本纪》中找到佐证。

  数千年来，"秦王缆船石"默默守护着杭城，目睹了杭城的沧海桑田，见证了西湖由一个海湾蜕变为一位明媚皓齿、亭亭玉立的美人"西子"。

  北宋时期，有位和尚让这块石头和佛结了缘。

  这位和尚倾尽毕生愿力，在宣和七年（1125）把这块石头雕造成一尊巨大的弥勒佛像。佛像面朝西湖，远远望去仿佛从宝石山中涌地而现，两者浑然一体。

  从此这块古老的地标石又有了一个新的名字——钱

〔清〕佚名《禹航胜迹图·大佛寺》

秦石宋大佛。

把著名的杭城地标雕造成一尊大佛，这构想的确够大胆，够爽劲，也给后人留下了许多的话题。

造石佛的和尚法名思净，俗姓喻，住在杭州武林门外。

这喻家小子从小便喜欢画画，尤其喜欢临摹古人的佛道人物画像。家人见此情形，就请了老师专门辅导。北宋元丰初年（1078），喻家小子十二岁生日那天，他暗暗做了一个关乎人生命运的决定：专攻佛画和佛造像。生日过后，喻家小子将平时使用的笔墨纸砚收拾进行囊，他已和老师商定，第二天到宝石山的寺庙里写生采风。

早早出发，太阳升起时就到宝石山了。晨光中，保俶塔被染成金黄色，隐约能听到寺里传出的阵阵木鱼声和诵经声。喻家小子一阵莫名的兴奋，顺着山路，师徒二人没半刻停歇，一口气到了保俶塔下的崇寿寺。回首望西湖，只见薄薄的晨雾中跳跃着金色的波光，一闪一闪，令人迷醉。远处，杭城上空的炊烟还在袅袅飘散。喻家小子见过住持，拜过诸多佛像后，便听老师讲解寺里佛造像的特点后，师徒二人还写生了一尊弥勒像，然后往宝石山南麓的十三间楼石佛院和兜率寺而去。十三间楼石佛院供的石佛很有意思，只有三寸大小。喻家小子挠破头也想不出这个三寸石佛是什么来头，当初要造十三间楼来供奉，问老师，老师回答不来，问住持，住持打声佛号，盯着喻家小子神秘地微笑着，念了一句偈语："一二三四五六七，眼里瞳人吹筚篥。七六五四三二一，石人木人眼泪出。"搞得喻家小子一头雾水。南宋时，一位叫白珽的诗人写了篇《西湖赋》，其中将大小石佛作了生动对比："佛三寸不为小，楼十三以龛其像；佛百丈不为大，舟万斛以维之綜。"也算是对当时住持偈语的一种注解吧。

在兜率寺，喻家小子被寺旁一块巨大的奇石吸引住了。只见石头从一壁悬崖脚底直矗而上，冲天而起，从底部到最顶端，足有数十丈，巍巍乎气势雄伟。此时，阳光正好照射过来，洒在石头上，仿佛间就像一尊金光闪闪的大佛。老师见这小子痴痴地盯着这块石头看了半天，就指着那面崖壁说："小子，你真有眼光。一千多年前，这崖下全是水，钱塘江水就从这里汇进大海，那时西湖也只是个海湾浅滩。这块大石头很有名气，有来头得很，咱杭州人都叫他'西（仙）石头'。当年，始皇帝秦嬴政巡游到会稽（绍兴）祭拜大禹，乘船到这里时，见再往前水深浪急、波涛汹涌，就在这里停船靠岸作短暂逗留。那块大石头就是拴秦始皇大船的'缆船石'，身份高贵得很。这件事，司马迁的《史记》都有明确记载的。"喻家小子沉默半晌后，忽然指着"缆船石"说："等我哪天有本事喽，一定把它雕刻成一尊真正的大佛。"

老师见喻家小子这副认真的模样，怜爱地摸了摸他的脑袋，继续讲沧海桑田，西湖怎么变成今天的模样。

喻家小子把自己说的话放在心底，一心研究佛画。几年后，他的佛画在杭城已小有名气，尤其是他画的阿弥陀佛，更是出神入化，当时有位净土宗大居士杨无为称赞他为"喻弥陀"。

宋徽宗崇宁元年（1102），三十五岁的喻家小子正式出家，拜师学佛，法名思净。出家后，他把位于武林门外夹城巷的住宅出租，免费为来往僧人提供食宿。无论是到杭州讲法还是游方僧人，只要是出家人路过，他都一一接待，一直坚持了近二十年，共接待僧人约三百万，众人称这里为"接待寺"，思净和尚的名号也日益响亮起来。后来，市民们刻了块"妙行院"的匾额挂在门厅，并募集善款，将"接待寺"扩建成后来的妙行寺。

宣和三年（1121）二月，方腊起义军从杭州败退后，思净率僧徒专门收拢了战争受害者的遗骸，做了三天法事，超度亡灵，并"香花熏沐"埋葬他们。

思净所为，杭城百姓非常感念，纷纷到妙行寺参拜供奉。

当时，由于宋徽宗崇道抑佛，佛法衰微，许多寺院颓败，缆船石边的兜率寺被杭州的一员副将改成了官邸，后被毁弃。

思净决定，要通过各种利于弘法传道的实际行动，重塑杭城"东南佛国"的形象。

"东南佛国"之说缘起于吴越国。因吴越国地处中国东南，国王钱镠以钱塘（今杭州）为中心，大兴佛教，修建宝刹，摩崖佛像，一时间佛事盛行，被中原人称为"东南佛国"。

思净做的第一件大事就是实现儿童时期的誓言：将始皇缆船石雕造成一尊大佛。

这是一项耗费巨大的工程，也是一个具有里程碑意义的工程。

让这么一块本来就很出名且有历史意义和内涵的石头变成一尊大佛，其影响力不言自明。

从脚手架搭建到清石、造型，每天，思净都要在工地和石匠们一起工作，不断修改完善方案，直到竣工，未曾停歇一天。

宣和七年（1125），大佛雕成，是弥勒佛半身像，周身涂满金粉。远远望去，宝石山上的大佛金光四射，光焰万丈，一时间引来数以万计的朝拜者。为保护大佛，思净在大佛背后的平台上建起一座正面开放式的殿宇，既可挡风避雨，又能让人从西湖上一眼便可望见这座"金装大石佛"。

当时，和思净有过多次交往的著名法师释克勤专门作了一首诗偈盛赞此事，成为佛门佳话：

百万斋才了正因，大缘倏举只逡巡。
凿将玛瑙千方石，镌作龙华百尺身。
三竺江山增秀丽，两湖风月愈清新。
色声不动揿能事，可是僧中英特人。

至此，一千三百多年前的"秦始皇缆船石"变成了"北宋大石佛"。

南宋时期，杭城已经发展成一个举世瞩目的国际大都市。那时，无论是王公贵族，还是平头百姓，每逢佛事盛会，都争相前来观瞻供奉这尊由秦始皇缆船石雕成的神奇大佛。外地客商和游人更不会放过到杭州观光大佛的机会。百余年间，大佛光焰四射，香火不绝，成为西湖一景，画家、诗人纷纷题诗作画盛赞。一天，诗人董嗣杲和朋友游西湖，只见阳光下的大佛金光四射，远远望去，宝石山仿似梵天佛地，一派庄严景象，当下就咏了《大佛头》诗一首：

不是金涂丈六仙，庄严法界想西天。
自因僧净镌空像，谁说秦皇缆海船。
全体未知何日现，半生且坐此山禅。
石头照水无尘土，饱听钟声杂管弦。

元朝初，大佛寺因战乱被毁，杭州的一位有钱人捐钱修缮，同时对大石佛进行了修改，"去其左壁，再将右壁雕琢成五指"。元朝中期，大石佛被毁，著名学者、诗人吴莱游览大佛寺，借此"钱秦石宋大佛"奇石追古叹今，感秦惜宋，大发亡国汉人之"石问"："手抚一片石，昔为沧海澨。始皇或系缆，万里浩无津。世间本妖妄，何处有仙真？"

明朝初，又对大石佛进行了修缮，一段时间后，西湖边重现南宋景致，这里借用南宋杭州诗人张舆的《大佛头》诗一表时人的欣喜之情：

葛仙岭西大石头，祖龙东来曾系舟。
不闻登仙入蓬岛，徒见作佛如嘉州。

地涌半身云水绕，山开一面金碧浮。
几回劫火烧不尽，空对湖山飞白鸥。

此后，大佛和大佛寺屡毁屡修，到清乾嘉时期，大佛仍面如满月，香火如初，"钱塘门外好停舟，士女争看大佛头"成为一时盛景。乾隆皇帝六下江南，曾三顾此处，为大佛寺留下了三通赞美诗碑，其一为：

昔图黄龙佛，已谓大无比。
今游石佛山，大佛实在是。
一面露堂堂，满月光如洗。
我闻芥子微，须弥纳其里。
炽然无昔今，咄哉那彼此。

清咸同年间，大石佛及大佛寺因战火被毁。

千年又千年，集"缆船石"和"宋佛头"于一身的

宝石山下的大石佛

奇石静静等待后人——

谁来发出"石问"？

参考文献：

1. 陈珲、棕彝：《杭州"钱秦石宋大佛"重要发现及追考》，《杭州研究》2009 年第 4 期。

2. 杭州市第三次全国文物普查领导小组办公室、杭州市园林文物局：《杭州摩崖石刻》，浙江古籍出版社，2013 年。

3. 龚玉和、武彬：《光大非遗传承重塑"东南佛国"》，《现代城市》2015 年第 3 期。

伤痕累累,默立千年的守望
——梵天寺经幢

梵天寺旧址上,两座伤痕累累的经幢默默守望。经幢通体用太湖石雕成,形式、结构基本相同,南北对峙,相距 13 米。幢高 15.76 米,由基座、幢身、腰檐、短柱层及幢顶五部分组成。

  吴越钱氏的王宫不见了,南宋赵氏的皇宫不见了,与皇宫毗邻的梵天寺也不见了。凤凰山脚下,只剩下两座伤痕累累的经幢,在荒树野草中守着杭城千年的白云苍狗,守着这座"东南佛国"的秘密,互相对望着,固守缄默。

  北宋乾德三年(965),六月初。杭州刚刚出梅的天气有点湿热,笃信佛教的吴越国最后一任国王钱俶早早来到天台般若寺,他要在这里小住几天,和国师德韶禅师商议有关南宝塔寺和经幢完工后的一系列法会的具体事项,法会定在六月十五日。

  每天,钱俶都要随国师一起上早晚课,课后和国师一起分析当前局势,探讨如何在动荡的局势中自处自保,商议怎样能不动刀兵地和大宋处好关系,而后听听国师讲经说法,再进一步敲定修复寺庙举办法会的细节。

  六月十四日,钱俶和国师住进了南宝塔寺。第二天一早,庆祝寺庙重修和经幢竣工的法会就要隆重举行,各地高僧大都已提前赶到。钱俶和国师将一同主持这个法会,不能迟到。

第三辑 悟证佛国法相

梵天寺经幢

六月十五日，天气晴好，虽然些微有点闷热，但挡不住人们的诚敬之意。

一大早，前来参加法会的大师僧众便陆陆续续进入寺里，得知消息的大批信徒香客也纷纷聚集到南宝塔寺周围，等待国王和国师宣布法会开始。

重新修建的南宝塔寺朱漆山门静静敞开着，飞檐斗拱的大雄宝殿边上的木塔虽已修整一新，但还是保留了从前的旧制。木塔前，两座十多丈高的太湖石雕经幢格外惹人注意，成为新建寺院的标志性建筑物。清晨的阳光照射在经幢上，犹如镀了层金箔，光焰夺目。远远望去，经幢就像两根神针，直通梵天法界。

经幢，是我国佛教石刻的一种，最早出现在唐朝，其制式由印度的幢形变化而来。最初的经幢是将佛经或佛像书写绘制在丝织的幢幡上，后来，为保佛经和佛像持久不毁，就直接刻在石柱上。经幢一般由幢顶、幢身和基座三部分组成，主体是幢身，刻有佛教密宗的咒文或经文、佛像等，多呈六角或八角形。

南宝塔寺，是钱俶的爷爷——吴越国首任国王钱镠更改的名字。寺院原来叫顺天院，始建于唐天祐元年（904）。后梁贞明二年（916），钱镠迎鄞县（今宁波鄞州区）阿育王寺释迦舍利塔到杭州后，在顺天院南院修建了一座石塔珍藏释迦舍利，寺庙因此改为南塔寺，也叫南宝塔寺。后来寺庙和南塔被大火烧毁，一直未重建。这次，钱俶重建寺院，新置经幢，一来为重新安置先王钱镠迎奉的阿育王寺释迦舍利，二来祈佑吴越国民安居乐业、免遭涂炭。

六月十五日，吉时，南宝塔寺重修及经幢完工开光法会正式开始。法会由国师德韶禅师主持，钱俶说了寺庙重修的原因和意义，随后宣读了《造经幢记》：

> 窃以奉空王之大教，尊阿育之灵踪，崇雁塔于九重，卫宏图于万祀。梵刹既当于圆就，宝幢是镇于方隅。遂命选以工人，凿于巨石，琢鞭来之坚固，状涌出之规仪，玉削霜标，花雕八面，勒佛顶随求之嘉句，为尘笼沙界之良因。所愿家国咸康，封疆永肃，祖世俱乘于多福，宗亲常沐于慈恩。职掌官僚，中外宁吉，仍将福祉，遍及幽明，凡在有情，希沾妙善。乾德三年乙丑岁六月庚子朔十五甲寅日立。天下大元帅吴越国王钱俶建。

《造经幢记》同时刻在两座经幢上。

需要说明一下，宋太祖赵匡胤建立宋朝以后，吴越国的年号就跟着宋朝纪年，以表明归顺之意。当时，有实力和刚建立的中原宋王朝较量的东南王国中，南唐、吴越算是其中的佼佼者。吴越国王钱俶未和宋动一刀一枪，宋朝刚一建立，他就尊祖训称臣，随后携全部家当"纳土归宋"，保全了自己家族和一方百姓免遭涂炭。南唐则被灭掉，后主李煜成为俘虏。成为阶下囚的李煜整天不甘心，又无可奈何，偷偷抹泪低唱"故国不堪回首月明中"，结果让赵匡胤给"处理"掉了。

这一切钱俶都看在眼里，更加佩服祖先的英明，笃信一定有神明护佑，有佛法加持。

钱俶二十岁继承王位后，就聘请天台德韶大师为国师，并从道潜律师受菩萨戒，号慈化定慧禅师。后周显德二年（955），钱俶仿造非常敬慕的阿育王造塔施善人间一事，铸造了八万四千小宝塔，中间放上《宝箧印陀罗尼心咒》，广行善事，民间都说得到宝塔者可受佛法护持。一时间，人们纷纷传颂吴越王钱俶的功德，称宝塔为"钱俶塔"。

那阿育王造塔施善人间的传说是：阿育王曾经是一个暴虐无道、残害无数生灵的"暴恶阿育王"，但经过海比丘的慈悲教化，开始立德行善。他把自己建造的人间地狱全部拆除掉，皈依佛门，不仅施行仁政，并且护持正法，令佛法得以传播。为报三宝恩德，阿育王想要造八万四千塔供养佛舍利，于是就率兵到了当初佛涅槃时八大国王共分佛舍利、各自起塔供养的地点求佛骨舍利。得到舍利的阿育王做了八万四千个由金、银、琉璃、颇梨制成的小箧子盛装佛舍利，又做了八万四千个宝瓶来装盛此箧。最外面再套上精制的无量幢幡、伞盖，庄严舍利。之后，他让各路鬼神各自拿上供养舍利的器具，把佛舍利广布到世间各处，严令：在阎浮提当中，乃至于海的边际，凡是城邑聚落满一亿户的地方，都要造塔供养佛舍利。

法会结束后，各方僧人和信众纷纷绕寺院和经幢参拜，前来参拜的人数日不绝。

每天，这两座创造了当时东南地区最高纪录的经幢都沐浴在晨光和佛号中，熠熠生辉。

两座经幢通体都是用太湖石雕成，形式、结构基本相同，南北对峙，相距13米。幢高15.76米，幢顶为日月宝珠，雕刻精致，纹饰各异。基座为须弥座，共三层，底层浮雕"九山八海"；束腰浮雕蟠龙，生动威武；上层短柱四周凿成小龛，龛内雕佛像。幢身刻佛经，北幢刻《大佛顶广聚陀罗尼经》，南幢刻《佛说随求即得大自在陀罗尼神咒经》，两幢身均刻有《造经幢记》，文字相同。经文为正书，《造经幢记》为行书。幢身之上为华盖，上端饰如意云纹，下部雕迦陵频伽（妙音鸟），似有从云际飞出之感；腰檐仿照木构檐子雕造，用斗拱挑出，承托檐子。斗拱每面铺间一朵，六铺作双抄单下昂偷心造，檐子雕出瓦、椽、脊、鸱兽、滴水瓦当等。经幢的每层短柱上均刻设佛龛，龛内雕造佛和菩萨像，有一尊、三尊或七尊，形象端庄，比例匀称，各像之间配置得当。整个经幢上的造像有百余尊，既有佛、菩萨、飞天，也有凡夫俗子，形象逼真，造型生动。

据说，为造这两座经幢，钱俶搜集了全国许多有名的经幢作为参考资料，请了吴越国最好的石刻工匠，从选石到雕刻成型，从精雕细刻到全面完工，用时三年多。

这两座经幢的建造还带出了钱俶的一桩心事。

多年前，杭城曾遗存过两座龙兴寺唐经幢，可惜后来消失了。钱俶经常听国师和一些前辈说起杭城龙兴寺这两座有名的经幢，念念不忘，多年苦苦找寻均未寻见。龙兴寺的这两座经幢刻于唐开成二年（837），两座经幢八面均刻有唐代著名书法家胡季良手书的《佛顶尊胜陀罗尼经》，上有篆幢书额题"佛顶尊胜陀罗尼微妙救危济难之宝幢"。钱俶很想找到这两座经幢，一来可重新供奉杭城有名的唐经幢，二来可作为新造经幢的参考。他派出众多部下找遍杭城，本来他想找到龙兴寺经幢后和新造的南宝塔寺经幢一起开个隆重的大法会，以彰佛法，但四出寻找经幢的人传回的都是令人失望的消息。直到南宝塔寺及经幢开光多年后，钱俶为避免庙宇和经幢再遭遇天灾火害，将寺名更名为梵天寺，至此不再寻找龙兴寺唐经幢。

梵天是四头四臂的护法神，是佛界的智慧之神，也是创造人类的始祖。将寺院更名为梵天寺，更多地是寄希望于佛祖保佑，国泰民安，和平富康。

同时期，钱俶还主持打造了闸口白塔、灵隐寺四座石塔及两座小一点的经幢。如今，除灵隐寺两座石塔被毁外，其他的都还能见到。

闸口白塔为八角形九层实心塔，全部用太湖白石分段雕琢而成。塔由基座、塔身及塔刹三部分组成。基座两层，下层雕琢山峰与海浪，上层为石砌须弥座。塔身上部及塔刹多有残缺，每面中间有两柱，把每面分成三间，其中四面当心间设门，门上凿出门钉，上部为直棂窗。塔身其他四面浮雕佛、菩萨、经变故事和装饰花纹等。

灵隐寺的两石塔和两经幢，位于西湖区灵隐寺内。两石塔相距42米，皆为八面九层，仿木构楼阁式塔。两经幢分别位于天王殿东西侧，据经幢所镌之《建幢记》及附记中所载：石幢由吴越国王建造于北宋开宝二年（969），原立于钱氏家庙奉先寺，后吴越国纳土于宋，奉先寺毁，乃于景祐二年（1035）由灵隐寺住持延珊迁建于今址，原为十二层，现已残损，为多层八面形，下部三层须弥座，幢身上刻《佛说随求即得大自在陀罗尼神咒经》和《大佛顶广聚陀罗尼经》经文。

那对钱俶曾辛苦找寻的唐经幢，则是在数百年后的明朝时，从一家失火人家的墙基中挖出的。出土时，经幢的幢身、幢基、幢顶无一破损，幢上的十八罗汉金光依然。当时人们就将经幢竖立在原地供人瞻仰，"一时里人喧动，随喜瞻礼者街填户塞"。唐经幢供奉的地址就是现杭州市下城区延安北路灯芯巷口的街头花园，原龙兴寺内。经幢原有东西两座，随着寺院的渐渐倾圮，现仅存一座。经幢残高5.42米，平面呈八边形，《龙兴尊胜幢记》载："石高五尺六寸，八面，周广六尺四寸。"经幢由幢基、平座石、幢身、腰檐、短柱、上檐、幢顶相叠而成，现幢基、平座石低于地表约1.6米，埋入地下，不可见。清代阮元在《两浙金石志》中称其为"武林城中罕存的唐人遗迹"，是"武林第一石刻""杭州金石之冠"，一度成为杭城的历史地理坐标。

千年过去了，钱俶的经幢石塔仍在用它的语言和方式沟通着前世今生的尘缘梵天。江山几易其主，时光流转无常，其中装了多少放下放不下的秘密呢？

参考文献：

1. 张霄霄：《吴越王室佛教信仰研究——以钱弘俶阿育王塔为例》，中国美术学院硕士学位论文，2017年。
2. 杭州市第三次全国文物普查领导小组办公室、杭州市园林文物局：《杭州摩崖石刻》，浙江古籍出版社，2013年。

纸上得来终觉浅，那就刻碑上
——贯休《十六罗汉像》刻石

藏于杭州碑林的《十六罗汉像》刻石，线条流畅、遒劲，保存完整，分别刻在两根柱子上，每根柱子镶嵌八块碑石，每块碑石高126厘米，宽55厘米。

有朋友告诉我，在杭州孔庙的碑林中有一组《十六罗汉像》刻石很值得一看，是乾隆皇帝整理贯休的《十六罗汉像》后让人刻在石碑上的。

转一圈，再转一圈。那造型，那气势，那刻工，真觉得乾隆皇帝是一个大手笔的玩家。

当时乾隆皇帝铁定和贯休进行了跨越时空的对话。

乾隆："朕见到大师画的罗汉像就不忍释卷，想得到大师亲自画的罗汉像又不可能，就自作主张，仿大师的罗汉画像，刻石头上了。"

贯休："好，好。容我再做个梦画些不同罗汉造型传给你，好做个参考。"

乾隆二十二年（1757）春，杭州圣因寺。

乾隆皇帝见到贯休的《十六罗汉像》时，一下子就像被电到了。只见十六尊罗汉，有的双目炯炯长眉拖地，有的高颧隆鼻抱膝静坐，有的法相庄严传经论道，有的嬉笑怒骂游戏人间，他们或与座石融为一体，或与枯木互为表里，每一尊罗汉都造型清奇独特、超凡脱俗，用笔线条流畅、细致准确，简直是毫发皆如真身，神态变化万千。

乾隆翻阅一遍，再翻阅一遍，每翻阅一遍都会击节赞叹一番。

这是乾隆第二次南巡到杭州时获得的又一个惊喜。

西湖行宫被雍正改成皇家寺庙圣因寺后，乾隆到杭州就多住在海宁陈家的别墅大院，那里一方面便于视察河道工作，另一方面那里清净，少人打扰，行动更自在方便些，也更接地气。不管是什么情况吧，总之乾隆到江南织造行宫和孤山圣因寺多数时间只是例行巡检。不成想，爱好搜罗古玩字画的乾隆皇帝这一巡检圣因寺，居然在皇家藏书的文澜阁里发现了宝贝。乾隆高兴地把

杭州碑林

圣因寺住持明水禅师招致跟前，让他查查自己发的这本《宣和画谱》里的《十六罗汉像》是真迹还是临摹的，如果是临摹的，那真迹在哪，并让明水禅师搞清楚来龙去脉后再来禀告。

《宣和画谱》是宋徽宗时编纂的，共20卷，因为成书于宣和庚子年（1120），所以叫《宣和画谱》。书中共收魏晋至北宋画家231人，作品6396件。按画科分为道释、人物、宫室、番族、龙鱼、山水、畜兽、花鸟、墨竹、蔬果10门。每门画科前均有短文一篇，叙述该画科的起源、发展、代表人物等，然后按时代先后排列画家小传及其作品。《宣和画谱》赞贯休的《十六罗汉像》："以至丹青之习，皆怪古不媚，作十六大阿罗汉，笔法略无蹈袭世俗，笔墨畦畛，中写己状眉目，亦非人间所有近似者。"

乾隆让圣因寺住持把关于贯休的资料找出来，他要好好研究一番。

贯休是浙江兰溪人，唐末五代时期著名的画僧，号"禅月大师"。七岁时出家为童侍。他的记忆力超群，诗书画都很有名，尤其是他画的罗汉像，形象怪异，清奇脱俗，为历代推赏，成了后世临摹及雕塑罗汉像的范本。有人曾经问贯休，你画的罗汉"庞眉大目者，朵颐隆鼻者，倚松石者，坐山水者，胡貌梵相"，是怎样才有了这些形象的？贯休回答说："我做梦梦到的。"其实，贯休的罗汉形象是他多年和胡人打交道，对胡人相貌做艺术处理后，再把他对罗汉的理解融合进去才产生的。贯休画《十六罗汉像》，前后用了整整十年才完成。五代十国时期，贯休为逃避战乱到了四川，将《十六罗汉像》带到了四川。此后，辗转全国各地，历经磨难。太平兴国（976—983）初，宋太宗搜访古画，日给事中程公羽在四川收集到贯休画的罗汉像十六帧,进呈给太宗。

贯休爱憎分明,关心百姓疾苦,痛恨贪官污吏。他的《酷吏词》愤怒谴责了贪官污吏欺压百姓的暴行。他还有不畏权势的傲骨,在杭州时曾给吴越王钱镠写赞诗《献钱尚父》,钱镠读后大喜,但要他把诗中的"十四州"改为"四十州",贯休断然拒绝:"州既难添,诗亦难改。"

贯休曾到豫章(今江西南昌)传《法华经》《大乘起信论》,"皆精奥义,讲训且勤",为郡太守王慥所钦重。王慥离职后,新任太守蒋瑰开洗忏戒坛,也请贯休为监坛。

贯休一生苦节厉行,云游各地,后梁乾化二年(912)终于所居,世寿八十一岁。贯休圆寂后,其老友齐己禅师作诗《荆门寄题禅月大师影堂》,颇能道尽他的生平志事:"泽国闻师泥日后,蜀王全礼葬余灰。白莲塔伺青泉锁,禅月堂临锦水开。西岳千篇传古律,南宗一卷印灵台。不堪只履还西去,葱岭如今无使回。"

喜欢收藏的乾隆本就对字画鉴定有一些造诣,经过对掌握资料的反复比对和研究,他断定这本《宣和画谱》中的《十六罗汉像》是摹本,因此他让明水禅师专门去打探个究竟。乘这工夫,他又仔细阅读了传自印度的经典《梵经》,根据《梵经》逐一编号,修正了画上原题的罗汉名,并为每尊罗汉御题赞文。之后,他命明水禅师找些石刻巧匠,将《十六罗汉像》刻在石头上,供奉在圣因寺。

几天后,明水禅师回禀:贯休《十六罗汉像》流传的摹本很多,《宣和画谱》中的《十六罗汉像》是最接近真迹的摹本之一。有消息说,《十六罗汉像》真迹已经流落到日本。乾隆听后略略有点失望,偌大一个大清,

石头的忠实 HANG ZHOU

贯休《十六罗汉像》碑刻拓片（局部）

第三辑　悟证佛国法相

难道连皇帝喜欢的罗汉像真迹都见不到？回到京城，乾隆还是对《十六罗汉像》念念不忘。他派出人手，四处打探消息，还专门组建了一个日本寻宝特殊任务小组，扮成商人，到日本去寻找真迹。

明水禅师在杭州及东南地区多方寻找，也一直没得到《十六罗汉像》真迹。遵照乾隆谕旨，明水禅师就在寻找真迹的同时，精选上好的太湖石料，遍寻江南的石刻高手，磨制出高126厘米、宽55厘米、厚24厘米的十六通石碑，然后开始了对乾隆御定的《十六罗汉像》和御题墨宝的书丹勒石工程。

工程要求很严格，石刻罗汉像既要不失原貌，又要逼真传神，精细处更要求毫发具现。在像的左上或右上都刻有罗汉的位次和名号，位次名号下刻乾隆根据《梵经》修改后的原罗汉的位次和名号。石上还要刻上乾隆的题赞，碑额上刻团龙纹和缠枝莲花纹。光工程前期准备加上描图、书丹、勒石几道工序就用了一年。

乾隆二十九年（1764）八月，十六通罗汉像石刻全部完工。明水禅师在圣因寺内专门设置了罗汉堂，供奉十六尊罗汉于堂上，并作了题记：

唐贯休画《十六应真像》，见《宣和画谱》。自广明至今垂千年，流传浙中，供藏于钱塘圣因寺。乾隆丁丑仲春南巡，驻西湖行宫，诣寺瞻礼，因一展观，信奇笔也。第尊者名号，沿译经之。

御定圣因寺十六尊者像，尊者化身妙绘传世千年，恭遇我佛心。皇上于一毫端重开生面，名位既定，文采全彰，是广大最胜殊，缘不可思议。主持臣僧明水募赀敬谨勒石，复建以阿罗汉藏用昭崇奉，愿天人共仰于万祀尔。

大清乾隆二十九年八月之吉　主持臣僧明水恭记

《十六罗汉像》刻石均采用线刻和凹面刻等阴刻技法，刀法纯熟，每一根线条都婉转自如、挺劲流畅，彰显不凡功力。其章法布局、罗汉形体和面部表情，既忠实原作风貌，又疏密有致、简洁明快。特别是罗汉身上的毛发、挂件、手持器物等细节处理，精妙入微，令人赞叹。

乾隆三十年（1765）春，乾隆第四次南巡，在仔细阅览了圣因寺罗汉堂的十六通罗汉刻石后赞不绝口，当即下旨重赏这些石刻工匠。

乾隆虽然一直没有找到贯休的《十六罗汉像》真迹，但他题赞的《十六罗汉像》刻石却成为一组具有金石味道的优秀刻石作品，一直散发着艺术的光辉。

参考文献：

1. 杜正贤：《杭州孔庙》，西泠印社出版社，2009年。
2. 金平：《骨相奇特古怪超凡——评贯休〈十六罗汉像刻石〉》，《浙江工艺美术》2000年Z1期。
3.〔北宋〕佚名：《宣和画谱》，浙江人民美术出版社，2019年。

文化信仰的遗存怎一个消除能了
——飞来峰布袋和尚和十八罗汉

飞来峰上三百四十多铺佛造像中，最引人注目的是那铺随意躺坐、喜笑颜开、袒胸露腹的布袋和尚和他身边的十八罗汉。

沿飞来峰旁的冷泉溪而行，过石桥，可见两岸岩石突兀，涓流泠泠，不时有佛光呈现，恍惚间如穿越时光隧道。

翻过一块岩石，眼前豁然开朗。

只见一尊大肚弥勒笑吟吟地对着你，好像在说：来了？来了就好。然后，拍拍身边的大布袋，引诱你不由得想猜猜里面装了些什么。他身边的十八罗汉则旁若无人地玩着他们的法器，神情专注。不规则的拱形大龛上面，一些绿色植物垂挂下来，像珠帘点缀。石龛下玲珑的假山造型衬托着龛中造像，气场虽不是特别大却宝相庄严，仿佛入佛界，又似在人间，令人心生自在。再看看布袋和尚与十八罗汉两旁的造像，右边方形石龛内白文殊结跏趺坐，法相庄严；左边，方形石龛中的菩萨同样结跏趺坐，口唇紧闭，神态坚毅，慈祥中透着庄严，令人心生敬畏。

这种对比，给飞来峰的佛国世界带来一种包容、融合的感觉，一下子气氛就变得和缓了。

飞来峰弥勒造像

　　流连在布袋和尚与十八罗汉造像前，想象当初雕造这铺佛像的情景，仿佛看到一位老石匠正锤凿着石龛中的石头。

　　石屑纷纷落下，一尊布袋和尚渐渐成型。

　　这是元朝至元年间（1264—1294）。

　　老石匠领着他的两位徒弟，在飞来峰的冷泉溪边上搭起脚手架，开凿石壁。他要倾尽毕生功力，打造出自己最满意的一尊旷世奇佛。

　　休息的时候，老石匠领着徒弟大毛和二毛，在飞来峰上那一尊尊造好的佛像跟前驻留。从飞来峰的传说，到隋唐五代大兴佛寺，老石匠一一讲给徒弟们听：从隋唐时期开始，飞来峰上就有人发心造佛像了，只是留存的造像大都已模糊至看不出原样了。青林洞中的"西方三圣"，就是阿弥陀佛、观世音菩萨和大势至菩萨造像，是飞来峰上能看到的最早的造像了。你看那尊阿弥陀佛，袈裟斜披，袒露右肩。再看看观音、大势至头上的宝冠，身上的天衣，胸前的璎珞，都明显是藏传佛教的装束。但这三尊造像的头面部，又明显有江南汉传佛教的特征。还有卢舍那佛会浮雕、玄奘西天取经、阿罗汉的造型，都明显保留了江南汉传佛教的特征。再看看刚雕琢好的佛像和正在雕琢的其他佛像，则显然是典型的藏传佛教模样，从面容到形态，和以前的造像差异很大，这都是那个叫杨琏真加的释教都总统统一搞的造型。老石匠憋着一口气："你们看师父的吧，我要造出一尊和他们不一样的佛像来，一尊接地气的佛，一尊我们汉人老百姓都喜欢的佛。"大毛和二毛一边听师傅讲这尊佛的年代，那尊佛的衣饰造型，一边互相打趣，师父一声呵斥，两人才乖乖安静下来。

半个月前，老石匠接了一个活，有位居士要他在西湖飞来峰上造弥勒佛像和十八尊阿罗汉像，工钱可观。老石匠是远近闻名的弥勒佛造像高手，像吴山上的宝成寺等处都有他的心血之作。由于常年握钢钎野外作业，老石匠的身体已经吃不消了，咳嗽不停，腰也直不起来，手指头变形，干活也不灵便了，因此近些年来就没有接过石窟造像的活儿。他本打算在家里的石刻场带带徒弟，做些碑刻、狮雕之类的零星活，安度晚年，可是又赶上打仗，好好的一座杭州城，让战火给毁得七零八落，许多老百姓流离失所、生活无着。说实在话，老石匠对雕这样的大型佛像已力不从心，但这活确实又点燃了他心中的一个梦想，那就是造一尊他心目中最完美的弥勒佛。

从勘察设计开始，老石匠就像变了个人，反复勘察地形，反复修改草稿，每天忙忙叨叨，也不见他喊这儿疼那儿不舒服了。徒弟们也被他带动起来了，只在背地里偷偷议论一下，说师父怎么像打了鸡血一样。

草稿定下来了，造像采用半月拱形，中间为弥勒佛，两边分别站立九尊阿罗汉，总共十九尊佛像。弥勒佛按照当时流传的契此和尚的造型，胖胖身材，圆圆脑袋，袒胸露腹，两耳垂肩，身边放着一个布口袋。契此和尚以前的造像多端着个脸，显得庄严威仪。这次老石匠要他笑，并且要笑得很开心。那位居士和灵隐寺的和尚见了老石匠的草图后，连声称妙，立马拍板：开工！

时令已经入夏。摹勒好样子后，初期的工程就交给徒弟们来完成，等到现出轮廓后，再在轮廓上画出具体模样，接下来的细活主要由老石匠来完成了。

老石匠工作时神情很专注，徒弟们则在一旁静静地观看学习。精雕细琢之余，老石匠就给徒弟们讲布袋和尚的故事。

布袋和尚俗家姓张，名契此，人们也叫他大肚弥勒、大肚比丘、欢喜和尚，唐末至五代后梁时期出生在明州奉化长汀村（今浙江宁波奉化大桥镇长汀村），号长汀子。八岁时父母双亡，被邻居张重天收养。成人后到岳林寺出家。

出家后，契此整天背着一个布袋，云游四方。桥头、田间、闹市、路边，人们都能看见这个肥头大耳、袒胸露腹的和尚，一副满足的模样，不时和一群小孩子在一起嘻嘻哈哈玩闹。

"你们别小看契此的这只布袋，神奇得不得了。"老石匠说到契此的大口袋时，神情庄重神秘。

它能把什么都装进去。别看口袋没有多大，但无论多少东西都能装进去，永远都没有满的时候。甚至契此一次在福建募捐来的一批扩建寺院的大木头，都是装在口袋中搬回来的。

它能起死回生。有人把死了的鱼儿投入契此的布袋，他毫不生气，仍然笑嘻嘻地收下。背到河边，倒入水中，鱼儿竟然摇头摆尾，游走了。有人把馊了的饭菜倒入他的布袋，过了一会，取出来的饭菜却是新鲜无比、美味可口。他自己吃不完，便招来戏耍的小儿们，让他们尽情享用。小儿们吃得津津有味，布袋和尚则坐在一旁，开怀大笑。

它永远用不坏。有个地方上的无赖，惯于寻衅闹事、弄人取乐，以为布袋和尚老实可欺，就夺下他的布袋点火烧掉。奇怪的是，第二天，布袋和尚依然背着那只布袋，来去如旧。无赖认为这只布袋一定是重新做起来的，又夺过来把它烧了。如此一而再再而三，布袋和尚都大度地容忍了，可是当无赖第四次去夺布袋时，使尽吃奶的力气也提不动空布袋了，他这才知道布袋和尚不是凡人，就拜倒在地，恳求饶恕。布袋和尚借机点化，这个无赖从此弃恶从善，再也不敢胡作非为了。

契此一生逍遥自在，"一钵千家饭，孤身万里游。青目睹人少，问路白云头"。有人看见他在大雪天卧在野地里呼呼睡大觉，身上竟然没有一点积雪，都觉得这个和尚不简单。他常变出千百亿化身，帮助世人，因此，人们都说他是弥勒佛转世，后世有偈语说他："弥勒真弥勒，分身千百亿。时时示时人，时人俱不识。"

老石匠一边给徒弟们讲契此的故事，一边用石块在地上画出布袋和尚的模样。那张胖胖的圆圆的笑脸，不断在老石匠眼前定格。

就要入冬了，室外工作有点冻手冻脚，老石匠加快了进程。腊八节过后，布袋和尚的整体造型基本完成，剩下两边的罗汉只能待来年开春复工再雕刻了。老石匠宣布休工，让徒弟们扯了块红布蒙住布袋和尚。大年初一是弥勒佛的诞辰日，布袋和尚是弥勒佛的化身，自然也应该在大年初一过生日。吃过年夜饭，老石匠招呼徒弟们一起带上献供到飞来峰供奉已经完工的布袋和尚。一路上，他们遇到许多香客到灵隐寺来进香。

转眼惊蛰已过，老石匠整理好行头准备继续开工。

十八罗汉，过去都是单独造像，相对来说好处理一些，这次要把他们组合在一块，就得形成一个有机的整体，高低错落，左右分布，各具形态，全部雕琢完至少得大半年时间。老石匠让徒弟们都上上手，主要细节还由他来完成。

开工间隙，老石匠就给徒弟们讲罗汉的故事：罗汉是消除人间烦恼、引领信徒进入佛国的使者。早先人们供奉的是十六尊，后来又增加了两尊，成为十八尊。布袋和尚是弥勒佛的化身，是未来佛，未来给人希望，给人间带来欢乐。他们都有共同的使命，罗汉引路，弥勒度化，从此人间少烦恼。十八罗汉各持法器，法器各有千秋，如布袋和尚左手边那尊托塔罗汉，那座塔叫"宝箧印经塔"，里面藏着的经咒集聚如来佛全身舍利功德，可消罪免灾、积德延寿。

施工期间，有人举报到江南释教都总统杨琏真加那里，说有人私自打造汉传佛像，明显藏有反叛之心。杨琏真加本是西夏过来的藏传僧人，奉朝廷之命监管江南宗教事务，是他烧掉赵宋的皇宫，挖掉赵宋的皇陵；也是他提倡大造佛像，一切以藏传佛教为蓝本，试图灭掉汉人的文化信息。接到举报，他倒想看看这个敢抗命的人打造的是一尊什么佛。没想到，那尊袒胸、露肩、光脚、鼓着个大肚子的胖和尚却深深吸引了他，特别是那张开双臂的开放姿态，圆头大耳间那毫无遮拦的一脸欢笑，那随意用一根粗绳子系住的衣衫，天真自然，无拘无束，很有亲和力。还有那十八尊即将完工的罗汉造型，神情专注，神态各异，哲那环系袈裟，严肃得可爱。

整铺造像分布合理，富有生机，完工后肯定会成为飞来峰造像群的一个亮点。若不是布袋和尚的汉人造型，杨琏真加当场就要点赞了。敷衍几句后，杨琏真加宣布这铺造像可以保留，就是不准落出资者名讳和打造日期，不能留下任何凿刻文字。

工程如期完工了，那位老石匠此后却再没有人见过他了。

传说中飞来的一座山峰上，一尊笑呵呵的未来佛在此开坛讲经，梵音四播，人间烦恼上九天。

站在石龛前放飞思绪，你会突然感悟到：其实，先人们留下的对艺术不懈追求的精神和对未来满怀信心的态度，才是我们要永远记住的。

参考文献：

杭州藏学研究中心研究所：《江南藏传佛教艺术——杭州飞来峰石刻造像研究》，内部资料。

仙佛之缘，成也石匠，败也石匠
——余杭南山造像群

余杭南山摩崖造像群分布在余杭区瓶窑西南1公里处南山山腰东南壁，成于元代，系利用前期采石的壁面，起线龛雕琢而成的。南山造像造型端庄、高大，是一处江南少见的有绝对纪年的元代石刻造像群。该处原有大小不等三十余座单身造像，1978年因村民采石毁坏近三分之二，现存造像十三座。

余杭南山造像群很有意思，打头的一尊是道家供奉的真武大帝，其余全是佛造像。

前来游拜的人们多会发出这样的疑问：为什么会出现佛道共存的现象呢？

元朝时，许多道观都被勒令改为佛教寺庙了，许多道士被迫成了僧人。道家真神的造像能和佛家如来并列，想必当时的宗教事务都总统是同意道教真神加入佛家队伍的了。

也可能是朝廷对此网开一面，谁没个亲疏远近呢。

总而言之，这组摩崖造像全国罕见。

曾经有专家考察后说，这组造像应该是当地民间力量所为。理由是：南山距离飞来峰不远，造像也只是比飞来峰造像晚三四十年。可是，两处造像的风格截然不同。飞来峰造像有明确记载，元代的造像是官方监造的，无论形制还是造型、雕刻技巧，两者都有区别，飞来峰造像精细有灵动感，南山造像显得粗糙和呆板，但个头很

余杭南山造像

大。的确，南山造像中的说法如来像通高 6.6 米，老远就能看得到。想象一下，如果那些被石场毁掉的造像还在，几百米长、高高大大的几十尊摩崖造像连成一排，无论是远观还是近看，都非常壮观，非常有威慑力。

问题又来了，当年为什么会选在这个地方摩崖一组这么大的佛道造像呢？又是谁组织雕造的呢？

疑问很多。

我们不妨走进当年距离造像最近的南山寺问问，那里的僧人可能有答案。

公元 1328 年初夏，杭州余杭南山采石场。

刚下过雨的天气有点凉爽，苕溪的河水悄悄肥涨。

余杭南山造像

偌大的采石场杂草树木横生，山涧沿着采过石头的山崖淌下，顺着山道汇聚成溪流，一路流到苕溪。南宋时期，这里是皇家采石场，那时候，采石工人每天都叮叮当当地在断壁钉上楔子，然后齐刷刷地凿下一大块石头，把断面处凿平整后，再如前法开采。因此，每次开完石方后，都会留下一壁壁平整的断崖。进入元朝后，这里的采石场渐渐萧条，除偶尔有私人来采点石头外，几乎没有人采石。

"诺，大普宁寺。"南山寺一名僧人指着远方一处较大规模的寺庙建筑群介绍说，"我们白云宗的总坛所在。南山寺是分坛之一。你们要想了解这些个岩壁上的造像，就听我慢慢说来。

"说起来，白云宗发展到今天真不容易，我们的师祖们经受了太多的磨难和困苦才有了今天的规模。我们的宗师清觉大师是孔子的第52世孙，出家后云游四方，后来在白云庵创建了白云宗。你问白云庵在哪？就在灵隐寺后山。当时宗师自创白云教新义，以《华严经》为根本要典，主张儒、释、道三教合一，重视忠孝慈善。政和六年（1116），清觉大师著《证宗论》，其说法与传统的华严宗不同，而且排斥当时佛教的主流禅宗，遭到觉海愚禅师的反对，被当时的禅宗教徒视为邪教，受多方排挤打击，著述也被当成反朝廷的证据报到皇帝那儿。横遭打击的先师一度被流放到广南恩州（今广东江门），在那里，先师虽物质困顿，但弘法的愿力一直被加持，求法之人与香客络绎不绝。遗憾的是，流放的日子摧垮了先师的身体，被赦免一年后，先师就圆寂了。我们把先师葬在余杭南山，造了白云塔，修了普安院，也就是今天的大普宁寺，他的佛骨舍利还被分藏在曾经修行过的寺庵中。我们都叫清觉大师为'通教教主'。大普宁寺可是受当时朝廷重视的寺院，曾经给朝廷刻印过《大藏经》，僧徒众多，白云宗也成为江南一个规模较大的教团。只是今不如昔喽。如今的教团屡遭奸人陷害，曾被官方任命的白云总摄也被免除，教主被逐，还俗为百姓，其他僧人也被强迫还俗为民。只是朝廷睁一只眼闭一只眼，放了我们一码，我们是以能亦僧亦俗。"

南山寺僧一边介绍着，一边来到采石场的断崖边上，一路上风轻云淡，神色间波澜不惊。看来，白云宗并没有伤到筋骨。

寺僧指着崖边几处正用绳子吊下来的石匠说："看这些工匠，他们不是在凿采石头，而是在雕造佛像。"沿寺僧手指方向望去，只见断崖处有石匠正立在脚手架上认真地凿着石龛，向西望去，已有几尊浮雕造像造好。走到近处，最西头岩壁上打头的一尊造像，就是道教的真武大帝，紧跟着的是释迦、观音、天王、如来等佛造像。

问寺僧为什么会有这么奇怪的排列,寺僧沉默良久,答道:"我们宗师的主张就是三教合一啊!"之后,他像是自言自语道:"看来今年的雨水还是很多,百姓苦啊。阿弥陀佛。"说罢念声佛号,径自飘然而去。远处依然是一片叮叮当当的凿石之声。一片黑云压来,又要下雨。

我们躲进附近瓶窑村的老百姓家里暂时避一下雨。屋内,一对老夫妻正检点着房顶漏水处,找盆子接着。我们在一旁帮忙做一些应急处理。

问到南山石壁上的造像情况,老丈说:"采石场停止取石后,就留下一壁断崖,大概有两三里地长,一直荒着。我们这里经常闹水灾,一到夏天,老百姓种好的庄稼常常被洪水冲走,严重的灾年甚至颗粒无收。过去,这里靠烧瓷采石还能有口饭吃,现在只能靠老天恩赐了。你们说的石壁上那些神仙老爷和佛祖观音,是大普宁寺的白云宗教徒和我们当地信众为镇水灾专门筹资雕造的。那尊面朝东南、身高两丈的如来佛祖是最先雕造出来的。后来,向两边延伸,已经造了许多尊像。当时我就在工地上,和那些个在崖壁上吊着的人一样凿壁造像。现在朝廷解散了白云宗教团,造像进度就缓下来了。你们问西边打头的造像为什么是真武大帝?因为真武大帝是专门治水的本土神仙,熟悉当地情况,自然应该打头。我们这里还有好些保存完整的供奉真武大帝的真武庙,没有被改成佛教寺庙。"

老丈曾经是采石场的石匠,对采石场的兴废了如指掌,也有些见识。他这么一说,我们也恍然大悟。

真武大帝,是中国镇守北方天界的神仙。根据阴阳五行来说,北方属水,所以,也被称为真武大帝水神。《佑圣真君神咒》称真武大帝是"太阴化生,水位之精。虚危上应，龟蛇合形。周行六合，威慑万灵"，能治水降火，解除水火之患。两宋时期，这位镇北之神被屡屡加封，深受推崇。为实施笼络，元大德七年（1303），朝廷还加封真武大帝为"光圣仁威玄天上帝"，百姓借机推出这位大神镇水，确实隐隐体现当时百姓心中复杂的向往和认同。而且这样的布局，也契合白云教"三教合一"的教义。

走出那一页页历史，我们满怀探险得宝的欣喜，细数这饱经沧桑的十三尊半摩崖造像——

真武大帝像通高 2.45 米，披发垂肩，圆脸大耳，有须无胡，着圆领道服。右手执剑，剑锋向上，剑长 103 厘米；左手按膝。右脚搁左膝，赤脚外露，座下蛇缠龟身。

有意思的是，高 4 米的慈航观音脚下，小舟及翻卷的浪花中仰望观音的神兽形象，就是从民间流行的《犀牛望月图》演化而来的，也有说是演化自"吴牛喘月"的。不管怎么说，牛有镇水的功能在中国古代确有其说，这尊观音菩萨也是真的用来镇水的。

南山造像群有一个共同的特点，凡是佛像均是螺发肉髻、丰面大耳、弯眉垂目、鼻梁宽扁、唇厚微翘、缁衣袒胸。按石刻年代看，从泰定五年直至至正元年（1341），前后相距十几年，雕琢的造型始终不变。

想象着因雨季暴发的洪水见着仙佛造像立马退却的景象，我们双掌合十，默默在一座座造像前祈祷：

愿年景丰饶永无水患，仙佛护佑百姓安康。阿弥陀佛！

参考文献：

1. 杭州市第三次全国文物普查领导小组办公室、杭州市园林文物局：《杭州摩崖石刻》，浙江古籍出版社，2013年。
2. 杨新平：《余杭南山造像》，《文博》1992年第4期。

第四辑

存照文告事件

在另一个世界为家族导航
——钱氏家族墓的石刻《星象图》

目前，考古人员共发掘了五座吴越国国王钱氏的墓葬，在这些墓葬的墓穴顶端，都有一幅刻在石头上的《星象图》。这些《星象图》刻工精细，位置准确，其中藏于杭州碑林星象馆中的那一幅，是从吴越国王钱元瓘墓中出土，完成于公元941至960年间，是目前世界上发现的最早的石刻《星象图》，也是杭州碑林的镇馆之宝。

吴越国国王钱氏家族如此用心地将《星象图》置于墓主人的墓顶之上，是怕身后在另一个世界迷航，还是想在另一个世界为钱氏家族的命运导航？

从吴越国王钱元瓘墓中出土的石刻《星象图》用阴线勾画，正中位置是北斗七星，旁刻拱极星座，周围刻二十八宿。石刻共有星183颗，每颗星星都线刻成白色小圆圈，十分清晰。此外，还用单线刻了半径不等的四个同心圆，圆心即天球北极；第一圈直径为49.5厘米，表示范围内的星象绕天球北极旋转时不没入地平，亦即盖天图中的内规；第二圈直径189.5厘米，为盖天图外规，表示再往外的星在观察地点已经看不见了；最外面的圆圈是盖天图的重规。

这幅图比世界公认的苏州石刻星图早三百多年，面积也大四倍。这说明，吴越国时期，杭州的天文科技已经达到很高的水平。

随着讲解员的讲解，小星对女朋友迷恋塔罗牌和星座的爱好也就释怀了。

第四辑 存照文告事件

钱元瓘墓石刻《星象图》拓片

　　小星的女朋友特别相信星座和塔罗牌，每次要做决定时，甚至是出门逛街，都要拿出塔罗牌算一算，她还一直为两个人的星座不匹配而纠结。开始小星不以为然，认为相爱就能化解一切，可是每每听到女朋友叨叨星座和命运，就感到一片茫然。再后来，小星就有点烦了。

　　这次他和朋友到杭州旅行，参观孔庙碑林还是收获挺大的。

　　他的朋友劝他：你也不用埋怨你的女朋友特别爱在你跟前叨叨什么星座命运，什么狮子座金牛座，什么星座匹配。不用烦躁，她不过是追追时尚，或者对未来不自信而已，就当是生活中的小乐趣啦。你对未来自信吗？其实吴越王钱氏一族痴迷星象的程度比你女朋友厉害得多，国事、家事、农事、战事都要看看星象，占卜一番。他们认为这是一项很严肃的事情，也是一场很隆重的仪式，不允许怀疑，更不能亵渎。但是你认为吴越王钱氏一族得以保全是星象的护佑吗？你读一读被杭州人念叨了一千多年的钱镠《钱氏家训》就明白了。

的确，小星似乎找到了打开女友心魔的钥匙了。

星象膜拜，只不过是人们对大自然和未来的一种期许，是为把握命运，对未知的一种探索而已。

历代帝王如此，钱镠也如此。

钱镠期许星象，源于他早年的成长经历。

虽说已经做了吴越国王，但钱镠对影响他一生的两件事情始终拂不去，也忘不掉：一是听大人们说，他出生时红光满室，差一点被父亲当成不祥之物扔到井里，恰逢当地连年旱灾，族人祈雨时，请来的道士说了句"池龙已生此家"，他的性命才因此得以保全；一是在他穷困潦倒，和一帮小混混赌博贩私盐时，一位豫章相士说他有贵相、有王气，必定成就一番大业。每每回想起来，钱镠都觉着真有命运在主宰着什么。因此，在地位日渐巩固之后，他就从各地延揽异人高士，甚至不惜重金聘请唐王室的星象学家做顾问。他要通过这些人和天地沟通，把握自己和家族的命运。

早在唐朝早期，星象学研究就已经非常厉害。星象学家们提出"三垣二十八宿"的观点，即将天空分为三十一个大区，除了二十八宿外，还有：紫微垣——天帝居住的皇宫，太微垣——大臣处理政事的场所，天市垣——百姓居住交易的地方。他们把观察到的黄河流域

（约北纬 36 度）全年所见的星空划为紫微垣，紫微垣内的星座以帝王、皇室眷属与皇宫设施命名；天市垣与太微垣则分列于紫微垣两侧，前者的星座以三公九卿等官署为名，后者则以地名划分。

钱镠深信，星空，与社稷、国运、传承息息相关。

在他看来，天地就像个鸟蛋，天包着地每天都滚来滚去，天空中的星宿也跟着不断变化，周而复始。如果逆天行事了，老天就会降下灾祸；顺应天命，就会消灾避祸。要不然，大唐的李淳风、袁天罡这些个有名的天文星象专家，怎么就对李唐的"劫数"算得那么准，也深得李氏王朝的尊崇呢？钱氏江山虽不及李唐，但也需要天命不移、江山永固，也需要展望未来、防患于未然。

那时，观天测象是皇家特权，天文观测机构和天文仪器只许中央政府拥有。唐朝曾经颁布律令："诸玄象器物、天文图书、谶书、兵书、七曜历、太一、雷公式，私家不得有，违者徒二年……私习天文者亦同。"由于星空与皇帝、太子及皇室成员相关，因此也只有他们有资格在墓室画上天象图。

他们确信，皇家成员就是死了，躺在墓穴里，也可以仰视星空，通过墓顶上的星图定位另一个世界的位置，进而传递两个世界的信息，确保当今王朝在正确的轨道上运行。

钱镠认为，星象研究便是一种权力和地位的象征。

作为吴越国王，虽然不能像中央政府一样有专门的天文观测机构，但是研究研究总还是可以的吧。山高皇帝远，式微的皇室也管不了那么多闲事。因此钱镠拨专款组建了自然天文"粉团",延请和培养了许多专门观察研究天象、水文的官员,出征打仗找他们问卜,修堤筑坝找他们定日子,甚至回乡探亲、请客吃饭也要看看星象、卜卜日子。为显示自己不违制,吴越国用的纪年、历法等一概沿用中央政府的旧规制。

随着政治的稳定,农商的发展,吴越国时杭州的天象研究一时冠绝全国,他们研究绘制的天体星宿图像与今天的非常接近。

吴越国的钱氏是把自己当皇族看待的,因此在家族成员死后也要安置皇族级别才能享有的星象图。

钱镠的父亲钱宽死后,钱镠张罗着这个当了一辈子农民的父亲的葬礼。活着时,他的父亲不愿意享受锦衣玉食的生活,死后他要按帝王的规制让父亲在另一个世界安心。他命天文专家绘制好星象图,刻在一块大的青石板上,封墓时就把这块刻了星象图的石板盖在墓顶。钱镠希望父亲在另一个世界也能通过墓顶上这块星象图,尽观天下玄机,洞悉世间毫末,特别是在他利令智昏时,托梦给他泼泼冷水。钱镠非常敬重父亲,自从知道父亲以前是因为他的张扬老躲着不见他的缘故后,就经常把父亲接到身边,唠唠嗑,听听父亲的教诲。他牢牢记得父亲的话:你是一个农民的儿子,尽管现在发达了,有地位了,在乱世纷争的年代,仍要保持农民的本色,保持钱家人的作风,鼓励农事,保境安民。乱世之秋,能做到保一方平安就是一个好的君王了。咱的实力无人替代,咱称臣了也无人敢小看。要认准了,百姓安居乐业,才能有咱们钱家江山。

母亲水丘氏的墓室自然也得有星象图。因为差点把他丢到水井里淹死,他的母亲一直觉着对不起这个儿子。

从小他就常在晚饭后听母亲讲月亮嫦娥、山魈鬼魅的故事。夜晚，每当仰望浩瀚星空时，钱镠仿佛看到母亲唤他吃饭时在厨房忙碌的身影，母亲必须时时能看到星空，他还要在星空下听母亲讲故事。

先人安息了，钱镠深信他们正在透过墓顶上的星空守护着钱氏的基业，也引导着后世子孙的航向。

钱镠在临死前，不仅给自己准备了一块大大的天体星象石刻，还立下"十训"遗嘱：

要尔等心存忠孝，爱兵恤民。

凡中国之君，虽易异姓，宜善事之。

要度德量力而识时务，如遇真君主，宜速归附。圣人云：顺天者存。又云：民为贵，社稷次之。免动干戈，即所以爱民。如违吾语，立见消亡。依我训言，世代可受光荣。

余理政钱塘，五十余年如一日，孜孜兀兀，视万姓三军并是一家之体。

戒听妇言而伤骨肉。古云：妻妾如衣服，兄弟如手足，衣服破犹可新，手足断难再续。

婚姻须择阀阅之家，不可图色美而与下贱人结缡，以致污辱门风。

多设养济院收养无告四民，添设育婴堂，稽察乳媪，勿致阳奉阴违，凌虐幼孩。

吴越境内，绫绢绸绵，皆余教人广种桑麻。斗米十人，亦余教人开辟荒田。凡此一丝一粒，皆民人汗积辛勤，才得岁岁丰盈。汝等莫爱财无厌征收，毋图安乐逸豫，毋恃势力而作威。毋得罪于群臣百姓。

吾家世代居衣锦之城郭，守高祖之松楸，今日兴隆，化家为国，子孙后代莫轻弃吾祖先。

吾立名之后，在子孙绍续家风，宣明礼教，此长享富贵之法也。

倘有子孙不忠、不孝、不仁、不义，便是坏我家风，须当鸣鼓而攻。千叮万嘱，慎体吾意，尔等勉旃，毋负吾训！

训示在厅堂之上最显眼位置，代代相传，引领钱氏三代五王乃至更远的后代安全生息。

墓室的星象图呢？

给后世提供了当时天文科学研究成果，见证了人类天文科技史的成长，引领了人类探索宇宙未知世界的信心。

解说员的讲解令小星豁然开朗，他对星象图墓室主人的故事更好奇了。

钱元瓘，原名钱传瓘，是钱镠的第七个儿子，继承王位后把"传"改为"元"。这个吴越国的第二代国王谨遵父训，重农商，休战事，示弱图存，吴越之地的百姓得以休养生息。他相信冥冥中先人的庇佑。在三十多个兄弟中他是最出众的，也是最有文采的一个。他的父亲一生尚武轻文，他则倡儒轻武。许是杭州的润山秀水、香风熏袭，这个王二代更喜欢舞文弄墨，喜欢佛道营造。一时间，因他的倡导，杭州儒学兴起，佛寺观庙、石刻造像纷纷落成。他也很得意倡导的成果。一天，他听说金华一个叫李满的农民得到一个铜香炉高兴得手舞足蹈，盛赞当朝礼佛尊制时，就高兴地写了首诗歌颂太平：

> 莫记年华隐水中，忽于此日睹灵踪。
> 三天瑞气标金相，五色龙光俨圣容。
> 节届初秋兴典教，时当千载庆遭逢。
> 仙冠羽服声清曲，共引金台入九重。

他要从佛国中寻得启示，要用自己的方式引领吴越国的未来航向。虽然他的墓葬里的星象图制作得更加完美，但他明白，那只不过是他的期许和希望罢了，不过是"王权天授，天人合一"的政治象征罢了，真正延续吴越人民安居乐业和钱氏家族安全的法宝，是"保境安民"的政治策略与钱氏家风和祖训。

据出土的钱氏墓葬显示，钱元瓘夫人马王后和妃子吴汉月墓里的星象图和钱元瓘墓的星象图基本一致，都是用一个母本绘制雕刻的。马王后墓室的星象图上，星星之间的连线还贴了金箔，会在黑暗中闪闪发光。

但愿钱氏未来一路有先人在依照星象图领航。

据说，小星后来和女朋友又专门到杭州碑林参观了一次，还报名心理咨询班进行了心理"脱敏"疏导。再后来，两人都成了当地的天文爱好者，对浩瀚的宇宙星空非常着迷。

参考文献：

1. 张玉兰：《晚唐五代钱氏家族墓葬初步研究》，《东南文化》2005年第5期。
2. 杜正贤：《杭州孔庙》，西泠印社出版社，2009年。

六百年前，杭城的一场火灾是怎么熄灭的

——《武林弭灾之记》碑刻

现存于杭州碑林的《武林弭灾之记》碑刻，高 200 厘米，宽 82 厘米，厚 21.5 厘米，元至正三年（1343）谢文炳刻，杨维祯撰文，陈遘书，班惟志篆额，楷书，16 行，每行 40 字，字径 3 厘米。碑文记载了元至正二年（1342）和至正三年杭城的大火及灭火经过。

漫步杭州老城，你会惊讶地发现，许多地名虽保留了传统叫法，但建筑物却是"新妆拟旧颜"的仿古建筑，意大利旅行家马可·波罗眼中的"世界上最美丽华贵之天城"，只能在一些典籍、绘画和文学作品中觅到。杭州历史上很少有地质灾害，古代建筑遗存为什么那么少呢？询问当地人，他们会回答你：大火烧了。

大火是杭州城的梦魇，大火也为杭州城带来新生。

富丽堂皇的皇宫禁苑被烧了；繁华热闹的勾栏瓦肆被烧了；密密匝匝的百姓居所被烧了；青灯古佛的修行寺庙被烧了……但是，浴火之后，杭城人民犹如涅槃重生的凤凰，重建家园，生生不息。今天的杭州，依然是"世界上最美丽华贵之天城"。

大火留给杭城人民的记忆是深刻的。到孔庙的碑林，我们从一通《武林弭灾之记》碑刻上，看看当时杭城人民是怎样与火灾做斗争的吧。

武林是杭州的旧称，现在杭州还有武林广场、武林路、武林门。据记载，这是因为杭州有一座武林山而得名的，

《武林弭灾之记》碑刻拓片

和武林高手没有半毛钱关系。历史上,杭州还有过"钱塘""临安""仁和"诸多名字。

元顺帝至正二年四月初一日。睡梦中的杭城百姓被急促的锣声、木梆声和救火的尖叫声惊醒。匆忙间,离火源近的人家逃命要紧,所有家产都被烈焰吞噬;离火源稍远的人家还来得及收拾值钱的细软,把家中的老人、妇女、小孩集中送到最近的石塔处避火。成年男子都自觉赶到火源地救火。

锣声和木梆声是守夜人发现火情后的及时警报。那时,由于火灾频发,官府除设流动守夜哨外,还每隔一里地堆一座土丘，土丘上设一个木架，挂一块大大的响板，由两个人全天看守，遇到火警，就敲打响板，声音能传出很远。每条街市都辟空地建一座石塔，大火来时，人们可以把一些细软藏在石塔里面。同时家家户户的院子里都置放一口装满水的水缸用来灭火。尽管有这些措施，但大火一旦蔓延，一切灭火手段都只是杯水车薪，人们只能眼睁睁看着火龙肆无忌惮地吞噬家园。"贼偷一半，火烧全完"，民间俚语非常形象地描绘了火灾的惨烈程度。

大火很快就烧透天际。望着噼啪作响的火苗在半空中随烟雾消散，救火的、躲灾的，脸上都异常平静或者说麻木。他们的眼中没有眼泪，也少有恐惧。去年的四月十九日，他们已经经历过一场大火的"洗礼"，一万五千多间官民房屋、公廨、寺观变成一堆灰烬，好几百人被烧死烧伤。这是老天的警示呀！有人跪在地上默默地祷告，孩童紧紧抱着大人的腰身，惊恐地望着火苗一跳一跳，连成一片，排成一条，飘过去后留下一片明明灭灭的烟雾。

烟雾明灭处，有一个人在默默地观察着这一切。他叫杨维祯，浙江绍兴人，是当时有名的诗坛领袖。这段时间他辞官赋闲，在家教书，前两天刚到杭州授徒，就遇上了这场大火。他知道杭州是大都市，人口密集，民居大都是用竹木搭建的，并且密密麻麻一家紧挨一家，消防措施再严，只要有一家走水，很快就烧成一片。去年四月十九日的大火他早已听说，他认识的江浙行省平章政事只力瓦歹写了书面检查，向皇帝作了深刻检讨并主动请求处罚："切念当职荷国荣恩，受寄方岳，德薄才微，不能宣上德意、抚兹黎民。到任之初，适值阙官，独员署事一月有余，政事未修，天变遽至。乃四月十九日丑寅之交，灾起杭城，自东南延上西北，近二十里，官民闾舍焚荡迨半，遂使繁华之地鞠为蓁芜之墟。言之痛心，孰甚其咎。衰老之余，甘就废弃。当此重任，深愧不堪。已尝移文告代，未蒙俞允。诚不敢久稽天罚，以塞贤路。谨守职待罪外，乞赐奏闻，早为注代，生民幸甚。"

为官一任，能够如此担责求罚，也不失为好官了。可是，灾后匆匆搭建的建筑仍是以竹木为主的，仍有很多隐患。这不，一场大火，一年的辛苦又白费了。

也该痛定思痛了。

杨维祯一边思索着，一边看着大片过火后的余烬，重重叹了口气。第二天，他与弟子们一同参与了政府组织的赈灾救护队。政府的赈济只能救急一时，灾后重建工作才是重中之重。杨维祯和弟子们一边帮助统计受灾情况，一边向前来领取救灾物资的老百姓宣传，再建房屋一定要使用不容易着火的砖石土坯，户与户之间要多留出点空间来；家里没人或者睡觉前，一定要把明火灭掉。

你宣传你的，灾民们大多默不作声，领完救济的钱粮后，回到自家过火的残垣断壁中捡拾些能用的东西，开始重建家园。

杭州是东南重镇，在当时是全国有名的大都市，许多打工做生意的流动人口纷纷涌进这里，虽然挣钱不多，但也能讨个活路，他们一般就在建筑间的空地搭建个简易窝棚容身，日子一长，不少地方就变成家家户户紧密相连、户与户中间只隔一层木板的情况了。因为竹木相对造价低，搭建也快，便成了人们建房的首选材料，也因此埋下了火灾隐患，一旦失火，很快就蔓延成片，一大片都遭殃。特别是夏春和冬秋交替之际，杭城季风猛，雨水相对较少，很容易火借风势。元代著名诗人、画家朱德润寓居杭州时就经历过一场大火，他用诗歌的形式做了记录：

> 九月五日夜，抱衾方熟眠。半夜闻传呼，巡官敲玉鞭。
> 连街报遗火，援救喧争先。老兵起惊讶，烟焰上逼天。
> 小桶灌滴水，巨索相钩连。健儿走掠夺，贫富分目前。
> 孰云可扑灭，况非燎于原。钱塘辐辏地，居处层楼巅。
> 版墙不隔尺，万家手可传。一遭回禄灾，乐岁如凶年。
> 明朝出闾巷，行听老翁言。火患尚可延，输官忧酒钱。

明朝的田汝成在他写的《西湖游览志余》里对杭州城屡屡失火的原因做了五点概括：其一，民居稠比，灶突连绵；其二，板壁居多，砖垣特少；其三，奉佛太盛，家作佛堂，彻夜烧灯，幡幡飘引；其四，夜饮无禁，童婢酣倦，烛烬乱抛；其五，妇女娇惰，簝笼失检。

从中可以窥见当时的情景。

统计出来了，这次大火，比去年的损失还大，又烧毁民宅四万多间。杨维桢无可奈何地摇摇头，如此重复，岂有不失火的道理。他也和主管官员探讨过这个问题，主管官员摇摇头："那么多的人要吃喝拉撒，官府哪里管得过来，况且早已三令五申，可仍有人以身试法，我们也只能在管理制度和管理措施方面加大力度。"

杭州人的自愈能力特别强。眼见得废墟之上又矗立起一座座高低自然错落，在文人眼中"自有一种风韵"的建筑；眼见得街市又恢复了往常的喧嚣热闹，春节、元宵节，人们照常互道新禧，照常上街赏花灯。春天繁花似锦，杨柳依旧绿到西湖边。

不幸的是，火神再次降临。至正三年五月四日，烈焰一路肆虐，眼看就要烧到尚存不多的超过百年的老建筑西湖书院了，那里还藏有许多珍贵的文史资料呀！杭州府衙内，手足无措的官员、守备们不知听到谁喊了一声"赶紧祈求火神"，就都齐刷刷面朝大火跪下，口中念道："火神啊，您让大火来烧我们吧，千万不要再烧老百姓的房子了！千万不要烧了书院！"说也奇怪，祷告声中，风向转了，火势也很快减弱，加上人们的救援，火情很快得到了控制。人们奔走相告，这是诚信感动老天，天神显灵了。

离上次大火仅仅时隔一年，杨维祯又目睹了这场杭州城的火灾，面对这连年的灾害，他的心在滴血，也在感动着。灾害，什么时候才能远离这些辛勤劳作的百姓呢？他感动杭城百姓顽强不屈的抗争精神，感动地方官员们舍身为民的情怀，感动上苍对杭城的眷顾。他也深深担忧，未来，杭城的百姓该怎么办？去年，别儿怯不花，这位一心为百姓着想的地方长官，在赴杭州就任的路上听说杭城大火，日夜兼程赶到杭州组织救灾，他把灾害归结为"是我不德，累杭人也"。面对灾难，他自省自觉，上书恳请免除杭城百姓的赋税，这些是杭城百姓的福祉，可是……可是这又能有多少用呢？

杨维祯心绪难平，挥毫写下了《武林弭灾记》，他要记下这两场大火的损失，为杭城百姓留下一些警示。在文中他感慨道：

迅矣哉！天之以火警人也。敏矣哉！人之以心回天也。当郁攸之势，卷土而至，虽水犀百万之兵，莫能敌也。而宪府官并心一念，皋及于躬，忧及乎民，而反风息火之应，捷口景响。子产曰："天道远，人道迩。"人遂以天为虚无旷邈，不与人接，不知其远者在其道之迩者耳！故阅衅于灾，而知有天道者以此于（吁）乎！吾观刘昆事而征于今，仁人一念之利索于无为者，固优于丈城表道之力，夫火者哉！宋璟都督广州，民居无延毁，且为立纪颂。今风纪者之德，为出政之本，足以回天弭变，于是乎知有天道。固宜详录其官氏，登诸贞石，以风励有民社者，使知人之感天者至敏，而天之应人者至近不远也。

天道人道，知人感天。杨维祯为灾难和黎民、为政者和德政之思一夜无眠。

救灾工作一如过去有序进行着。杨维祯把写好的《武林弭灾记》抄送给地方长官们审读，并提议立碑警示。地方长官非常赞同他的提议，当下召集地方豪绅和有威望的长者开会，能出资的出资，该找人的找人，马上着手实施。

立碑小组很快组建完成开始工作。由江浙等处儒学副提举陈遘书丹正文，江浙等处儒学提举班惟志篆书碑额，著名石雕家谢文炳刻石，共同完成了这通石碑，其他捐资出力、祈祷灭火的官员士绅等26人的名字也一一列刻碑石之上。至正三年十二月十五日，碑石立在江浙廉访司署衙前，故后人也称此碑为《江浙廉访司弭灾记》碑。

《武林弭灾之记》碑刻是我国迄今发现最早的记载火灾的石碑。后来，杭州还发现了《辟火图》碑，为清代刻石，说明了杭州百姓对火灾有相当高的警觉性。

参考文献：

1. 杜正贤：《杭州孔庙》，西泠印社出版社，2009年。
2. 〔明〕田汝成撰，〔清〕姚靖增删：《西湖志》八卷（附：《西湖志余》十八卷），清康熙二十八年（1689）刻本。
3. 苏力：《元代杭州的火灾及其社会应对》，《学习与探索》2014年第7期。
4. 朱春悦：《元代杭州的火政与灾后重建》，《元史及民族与边疆研究集刊》第三十三辑。

从乡间蹒跚而来的"浙江第一石"
——记《三老讳字忌日记刻石》

杭州西泠印社藏有一块《三老讳字忌日记刻石》，简称"三老碑"。此碑立于距今一千九百多年的东汉光武帝时期。碑高93厘米，宽42厘米，共存217字，碑文记载了一位"三老"及其后两代人的名讳与忌日。

《三老讳字忌日记刻石》是西泠印社的镇馆之宝，专门建了个存放的地方——汉三老石室。石室墙上有一副楹联，写的是"竞传炎汉一片石，永共明湖万斯年"，隐隐道出这块碑石的珍贵。

民国初，这块石碑差点流落海外，是西泠印社的前辈们以无比热烈的爱国热情，号召爱国人士集体筹资从古董贩子手中赎回来的。这件价值连城、被誉为"浙江第一石"的国宝，凝聚了太多印社先辈的心血智慧和爱国热忱，因此，西泠印社以此镇馆，更见用心。

这块从乡间蹒跚而来的记录一位"三老"家族名讳的石碑，怎么就成了"浙江第一石"呢？

东汉建武三十年（54）清明时节，小雨不停地下着，浙江余姚一个显赫家族的子孙们相继来到埋葬祖先的墓地扫墓。

祖先墓地已逾数代，坟头众多。后人们寻了坟头，逐一压上些纸钱，然后各自拿出供奉用的香烛献供，焚香磕头，祭奠礼拜。

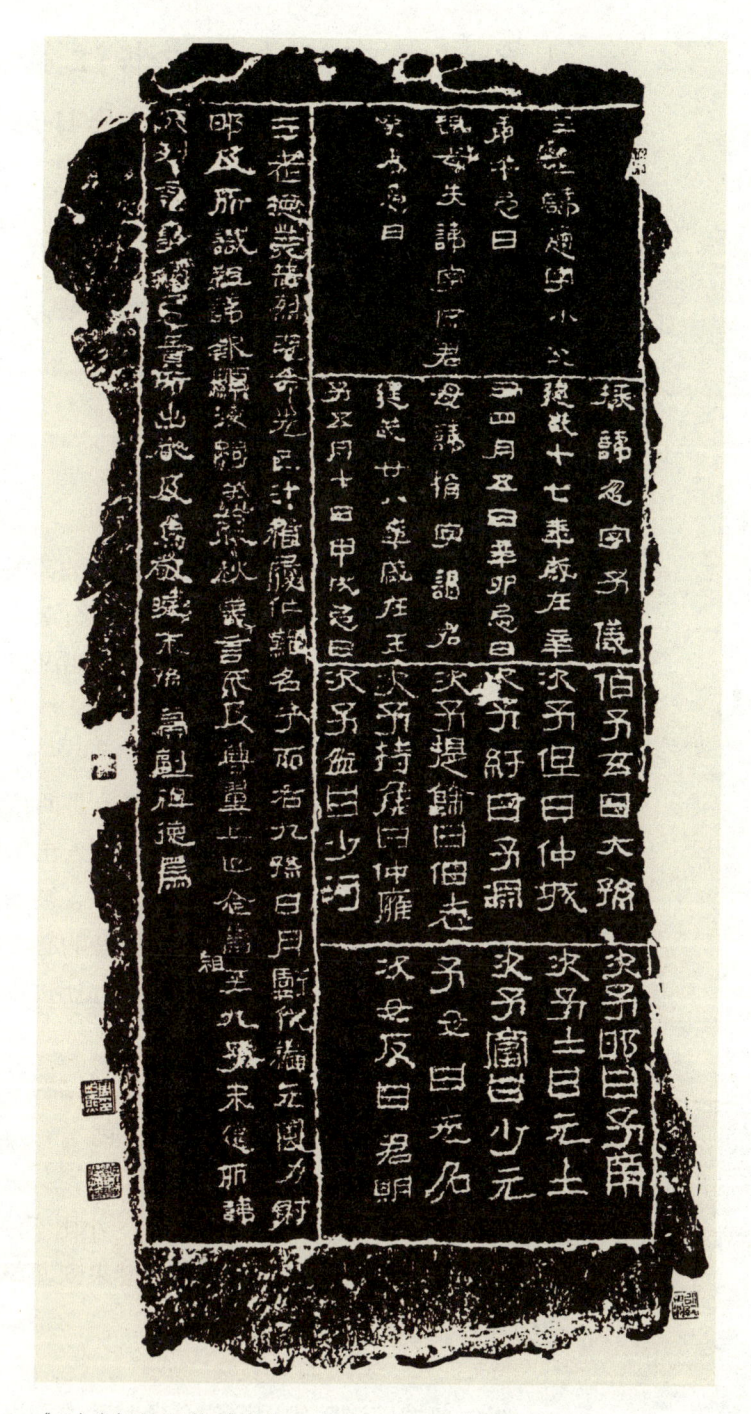

《三老讳字忌日记刻石》拓片

那个时候扫墓祭祖是不烧纸钱的，当时的纸张珍贵得不得了。知道蔡伦造纸吧，我国四大发明之一，是在公元105年才改进完成的。因此在此之前，家庭条件不好的，祭扫祖先时坟头上连片纸都没钱压。

坟头上压纸钱的习俗，传说是汉朝开国皇帝刘邦兴起的。刘邦打下江山后衣锦还乡，准备到祖坟上祭奠。到了墓地，只见荒冢累累，碑残草长，根本找不到自家祖先葬在哪座墓里，他便打发随从在周边寻找残碑痕迹，希望有所发现。眼看天色渐晚，随从陆续回报没找到。沮丧之时，刘邦摸到袖筒里有一片纸，就把纸撕成碎片，跪在地上祷告："祖先在天有灵，我把纸片抛向空中，如果有纸片落下风吹不动的，那里就是祖先的坟茔了。"祈祷完，刘邦把纸片抛向空中，还真有一片纸落在一节残碑上，一动不动。刘邦辨认着残碑上的字样，居然发现了祖先的名讳，真是祖先有灵，真让他找到了。于是，刘邦重修祖坟，每年都按时祭扫。此后，老百姓纷纷效仿皇帝，扫墓时都在坟头压一片纸，以示此墓葬有后人祭扫。后来，坟头压纸逐渐演变成焚化纸钱。

众人祭奠完后，族人们在墓地举行了一个重要仪式——为先人立一通石碑。石碑是一位名叫邯的人捐助的，专门为曾在县乡担任"三老"、名叫通的祖先及其三代先人镌刻的，目的是让后代子孙记住祖先名讳，记住祖先德业，记住祖先忌日，便于祭祀，同时在说话、写文章、取名字上能有所避讳。

那时，人们给小孩子取名字、说话、写文章时，用到和祖先名字一样的字要避讳，如果无意中取了，知道后，可用意思相近的字代替，字音相同也不行，以彰显尊重。后来逐渐演绎成百姓取名字也要避开当朝当地官员的名讳，"只许州官放火，不许百姓点灯"的故事说的就是这个意思。

碑已经立好，用红布蒙着。等族人们祭奠完毕，族长亲自揭下红布，宣布立碑祭奠仪式开始。先是族长宣读通在担任"三老"期间做的教化功绩，号召后辈们要继承"三老"族风，彰显祖先德业，立德树人，永飨后代。随后，族孙邯宣读碑文。三拜九叩之后，祭祀毕。

碑文是由族中德高者审定后，请当地有名的书家书写刻碑。碑文谨严、准确，不带修饰；书法隶中带篆，雄浑灵动，率性活泼，文字、书功、刻工都是一流。

碑文如下：

三老讳通，字小父，庚午忌日。祖母失讳，字宗君，癸未忌日。□□讳忽，字子仪，建武十七年（41），岁在辛丑，四月五日辛卯忌日。母讳捐，字谒君，建武廿八年（52），岁在壬子，五月十日甲戌忌日。伯子玄，曰大孙；次子但，曰仲城；次子纡，曰子渊；次子提余，曰伯老；次子持侯，曰仲雍；次子盈，曰少河；次子□，曰子南；次子士，曰元士；次子富，曰少元，子女，曰□名，次女反，曰君明。三老德业赫烈，克命先己，□□稽履仁，难名兮，而右九孙，日月亏代，犹元风刀射，□□及所识祖讳，钦显后嗣，盖春秋义，言不及尊，翼上也，念高祖至九子未远，所讳不列，言事触忌，贵所出严及□，敬晓末孙，冀□□祖德焉。

说明一下，石碑无法辨识的字用"□"代替。

"三老"是我国古代掌教化的编外官员，是个虚衔，最早记载见于《礼记·礼运》："故宗祝在庙，三公在朝，三老在学。"相传是周朝天子为提倡孝悌专门设立的职位，以父兄之礼尊养年老德高者。

东汉时期，乡、县、郡、国都设有"三老"，一般由五十岁以上德高望重的老人担任。各级"三老"只有一名，虽无官位，但地位崇高，上至皇帝，下至各级行政长官，都对"三老"礼敬有加。基层"三老"都是从老百姓中直接推选出来的，往上一级，可从基层选拔，也可让年高德劭的官员兼任，比如汉明帝就任命给刘秀诸皇子当过老师的李躬为国"三老"。"三老"的工作职能主要有三个方面：一是掌管教化，在一定程度上可以左右乡党舆论，对"乡举里选"的监督、使用往往起到关键作用。二是监督检查，基层"三老"可以向朝廷反映地方官的政绩，监督朝官。三是立法宣法，负责地方法律法规的制定，宣传国家政策法规。一般朝廷的政策法令的颁布和施行，都要请示"三老"。

"汉三老石室"刻石

汉三老石室

"三老"制有点像我们今天的人民代表大会制度。至于为什么叫"三老",有说是取日、月、星"三辰"可以照亮天下之意;也有说是取正直、刚克、柔克"三德",德昭天下、以德治人之意。不管是哪种解释,这个职位只有德高望重的地方社会领袖才能担任。

"三老"制随着朝代的更迭消失了,"三老碑"随着时间的流逝也淹没在荒土之中。所幸的是,一千八百年后,"三老碑"在一个农夫的一次取土行动中重见天日。

清咸丰二年(1852),农闲时节。浙江余姚严陵坞村的村民张三见自家房屋的墙皮有些脱落了,就决定到客星山上取些土来修补修补。取土过程中,张三刨出了一块平平整整的石头,拂去土后,能看到隐隐约约的字迹。正好,家里灶台需要一块平整的台面,得来全不费工夫。张三叫来儿子们把石头抬回了家里。张三的邻居宋仁识字,常走南闯北有些见识,见放在张三院子里的石头像一块石碑，就近前拂去浮土细看。还真是一块刻了字的石碑，看字体像隶书又像篆书，应该有些年头了。他告诉张三，先别忙着垒灶台，他认识一个人喜欢这东西，让他看看这块石头上的字是什么，说不定还是一个值钱的宝贝。

于是，宋仁找到当地喜欢金石收藏的富绅周世熊。周世熊一听说有老碑石，立马就随宋仁到张三家查看。根据碑上的文字内容与字体，周世熊认定这块石碑非同一般，便给了张三和宋仁一些散碎银子，把石碑运回家中，选了一个黄道吉日，设好祭坛香案，在石碑上方修建了一座竹亭加以保护。咸丰十一年（1861）十月，太平军打到余姚，周世熊家被太平军当成驻军后勤补给站，保护石碑的竹亭也成了厨房，那些个周世熊当成宝贝的石碑和汉晋砖石倒伏一地，有的垒作灶台，有的任人踩踏。太平军退走后，周世熊急急收罗那些没被损毁的"宝贝"，见"三老碑""石受熏灼，左侧黔黑，而文字无恙"，便认为"凡物隐显成毁，固有定数。此碑幸免劫灰，先贤遗迹，赖以不坠"，一定是天意所为，因此更加看重此碑，用心收藏，有同道来参观寻迹，他就将拓片作为珍贵的礼物相赠。

一传十，十传百，上门的人络绎不绝，有人是为研究汉代"三老"文化遗存找上门来的，有人是为研究书法艺术特地求购拓本的。经过名流们的口口相传，"三老碑"的文物价值和书法价值广为人知，被誉为"浙东第一石"。1919年，上海古董商、江苏镇江人陈渭亭见到碑石拓片后，专程到余姚周家看了石碑，觉得有利可图，就花3000块大洋从周家买下并运到上海，待价而沽。1921年，有个日本古董商想高价收购".三老碑"，浙江籍上海古董商人毛经畴得知后，把这一消息告诉了在上海任知事的浙江绍兴人沈宝昌。沈宝昌认为古物是国宝文物，不应该外流，当下就联络浙江海宁人、两任上海海关监督官的姚煜，力阻此碑外流，共商保护大计，并通报西泠印社的丁辅之等人。西泠印社的社员都是当时国内颇具影响力的书画金石大家，他们迅速达成一致意见，以"一人守之，不若与众人共守之"为议，布告同仁协力"醵金赎之"。一时间，浙江各界纷纷响应，社会名流慷慨解囊，印社同仁踊跃认捐，很快就募集大洋11270元。他们用捐款中的8000大洋向陈渭亭赎碑，余下的捐款专门用来修建了一间储藏宝贝的石室。1922年7月，石室落成，西泠印社社长吴昌硕专门作记并写诗以赞："三老神碑去复还，长教灵气壮湖山。漫言片石无轻重，点点犹留汉土斑。"

至此，"汉三老碑"归藏西泠印社，成为印社的镇社之宝，被人们称为"浙江第一石"。

参考文献：

1. 陈振濂：《西泠印社》，荣宝斋出版社，2010年。
2. 施长海：《"汉三老碑"出土之谜》，《寻根》2015年第5期。

住在景区的豪门新贵们，有钱也不可任性
——《西湖禁约事文告》碑刻

《西湖禁约事文告》碑刻高176厘米，宽85厘米，厚29厘米，碑文楷书，无书者姓名，9行，每行23字，字径约6厘米，碑面有风化，现藏于杭州碑林。此碑刻于明嘉靖四十四年（1565），内容为严禁豪门蚕食侵占淤塞西湖的告示。

今天我们站在西湖边，还能看到容颜不老的西子美貌，真不容易。

唐宋以来，在西湖边修建寺观、州治、别墅的情况，一直是消消长长。僧官豪强们利用自身优势，占地为王，在给西湖增添人文景观的同时，也给西湖带来了许多不和谐因素，令"淡妆浓抹总相宜"的西子黯然失色。特别是那些个有钱有势、不守规矩的士绅豪强，巧取豪夺，抢占地盘，乱丢垃圾，随便在湖里洗马桶、倒脏水，填湖造地，严重毁坏了西湖的形象和整体性。因此，历代热爱西湖的有识之士，在精心呵护西湖美丽容颜的同时，对于那些个给西湖抹黑的人和事，总是明令禁止，给予严厉惩处，这才使历经千年的西子至今仍风姿绰约。

明嘉靖四十年（1561），庞尚鹏调任浙江巡按。巡按是个什么官？这么理解吧，巡按官阶不高，但是皇帝直接派驻到地方的官员，由皇帝直接领导，权力不小。其主要职责是代皇帝巡狩地方政府的方方面面，大事奏请皇上定夺，小事可自行决断，大体相当于现今中央派驻地方的纪检官员。

为官多年，庞尚鹏知道有许多百姓被赋税徭役搞得流离失所，四处求生，地方官员还要借机贪污压榨，让他们雪上加霜。这次到浙江，他的主要任务就是实行均赋均役的赋役改革，试行"一条鞭法"，进而推广到全国，减轻百姓的赋税负担，同时遏止地方官员借混乱的赋税徭役进行贪腐的行为。

"一条鞭法"是嘉靖时期确立的赋税及徭役制度，由桂萼在嘉靖十年（1531）提出，之后张居正于万历九年（1581）推广到全国。新法规定：把各州县的田赋、徭役以及其他杂征统为一条，合并征收银两，按亩折算缴纳。这样大大简化了税制，方便征收税款，同时使地方官员难以作弊，进而增加财政收入。

甫一到任，庞尚鹏就陆续接到上访群众的举报信，有告乡官豪绅鱼肉百姓的，有告豪强仗势横行、敲诈勒索的，也有状告地方官员不公、借机敛财的。其中便有一封罗列了在西湖边修建别墅花园的豪强、官员和一些占地扩建的寺院庙观名字的举报信，信里举报这些人和寺观不守规矩，肆意扩张地盘，随意污染水源，大肆填湖造地，把一个好端端的西湖搞得乌烟瘴气。

刚到任，还没来得及到处走走，就收到这么多举报信，看来这次的巡按任务不轻。

西湖，庞尚鹏年轻时曾经游览过，那时，他见过西湖边上一座座新建好的和正在建设的私家别墅，虽然游览时感觉别扭，但还不至于影响大观，苏东坡笔下的西子依然明眸皓齿。

不过，这也是托了杨孟瑛的福。正德三年（1508），杭州知府杨孟瑛拟了份《开湖条议》呈送给正德皇帝，详细阐述了西湖对杭州的意义，并提出针对西湖当下的淤塞情况的治理方案。正德皇帝很快就恩准了这个方案。得到批复的杨知府迅速组织民工开工，从二月开始至九月结束，历时152天，顺利完成了浩大的西湖疏浚工程。工程共拆毁田荡3480亩，用银28700两，用工日670万个，从苏堤以西一直开浚到山麓止。所挖葑泥，一部分用于补益苏堤，使堤身增高2丈，堤面增阔至5丈3尺，从此西湖再现唐宋旧观。另一部分则用来在西里湖筑起一条与苏堤平行的长堤，后人称其为"杨公堤"。堤上也建有六桥，人们称为"里六桥"，与苏堤的"外六桥"互为映衬，合称"西湖十二桥"，当时有《西湖竹枝词》赞道："十二桥头日半曛，酒垆花岸其氤氲。七香车内多游女，个个攀帘过岳坟。"

因为这位杨知府，西湖又焕发青春，袅袅婷婷，淡妆浓抹总相宜。

曾经目睹过的依依杨柳、燕舞莺歌的西湖，今天真的就让人不敢细看了？西湖可是杭州的名片，容不得玷污！从唐朝白居易修筑堤坝捍卫湖面留下千年佳话，到宋朝苏东坡动用二十万民工疏浚西湖，再到当朝杨孟瑛效法前贤治理西湖，西湖承载的不仅是城市风景和民生存亡，更是有识之士的情怀和传承千年的文化。

庞尚鹏决定先到西湖边转转。

不转不知道，一转吓一跳。绕湖一周，大凡像样点的地方，都被建筑物覆盖，私家园林、寺观园苑争相圈地，西湖周边几成私家领地。沿岸湖边，只见蒲草芦苇丛生，建筑材料乱堆，有人提着马桶正在清洗，湖水的腐臭味夹杂着马桶的屎尿味，令人作呕。再看湖面，已经快缩小成一洼池塘了。五十多年前杭州知府杨孟瑛花大力气挖葑清淤疏浚，没想到给这些个土豪劣绅提供了糟践的机会。再看看"苏堤""杨公堤"上胡乱堆放的杂物和建筑材料，"六桥"下发臭的污水，真令人心酸。

回到署衙，庞尚鹏立马召集浙省和杭州的主要官员，要求针对西湖被侵占污染一事拿出治理方案，并责成有关人员订立《禁侵占西湖约》，发给在西湖边违法乱建的那些个僧官豪强，要求限期整改。很快，西湖边私搭乱建的现象得到遏制，随意堆放的杂物也得到清理。

但是，走访整个杭城后，庞尚鹏隐隐察觉到一股奢靡之风正在大肆蔓延。士大夫家修建别墅花园，雕梁画栋自不必说，就连普通百姓也互相攀比，三间客厅都装修得金碧辉煌，重檐兽脊像官衙一样，连婚丧嫁娶仪式也极尽奢华。他的案头上，三成的状纸都是诉求解决抢占、豪夺、不公的。

世风如此不堪，奈何，奈何！庞尚鹏连连感叹："大势去矣，大势去矣！"

回顾大明建国之初，朝廷统一号令，对修建房舍、出行车马、日用器具、服饰穿着都有明文规定，庶民庐舍"不过三间，五架，不许用斗拱，饰彩色"，"官员营建房屋，不许歇山转角、重檐重拱及绘藻井"，"不许于宅前后左右多占地，构亭馆，弄池塘，以资游眺"。那时候，无论王公大臣还是平民百姓，都严格遵守，一派简洁淳厚、积极向上的景象。不说洪武年间，就只几十年前，许多有钱的人家也是素衣简舍，不敢随意露富。看看现在，祖制虽然还在，还有几个人遵从？已经名存实亡了。政务弛废，追求享乐，此风不杀，国家危矣！

庞尚鹏在浙江一边大力推进税制改革，一边整治奢靡之风。对百姓反映强烈的吕希周、严杰、茅坤、潘仲等地方官员纵容子弟和奴仆倚势横行、鱼肉人民的罪行，奏请朝廷夺去他们的官职，没收他们的家产，给予严厉打击。一时间，百姓口口相传，浙江来了个敢硬碰硬的巡按，看那些缙绅豪强们还敢不敢恃强凌弱！从此，浙江各地奢靡之风有所收敛。但是，一些胆大有后台、会使钱的人仍然和庞尚鹏玩着猫捉老鼠的游戏，西湖边上，抢地盘争风水的事仍时有发生。有些官府没收的地产，"阳虽追夺，阴复雄据"；乱丢垃圾、污染水源的情况更是罚完就犯，依然不断有人上告。

嘉靖四十四年九月十五日，庞尚鹏重新拟定《西湖禁约事文告》，在通过文书告知的同时，还加大巡湖力度，并在清波、涌金、钱塘三门刻立碑石，让那些个不守规矩的人出门逛街都能随时看到禁令。文告明确强调："凡有宦族豪民仍行侵占及已占而尚未改正者，许诸人指实，赴院陈告以凭拿问施行。"

碑文张贴之后，杭城各级地方官员便积极开展自查自纠活动，并设立举报机制，鼓励民众举报，发现一起，查处一起。西湖毕竟是杭州的西湖，一个皇帝派下来的流动官员尚且这么重视西湖治理，作为牧守一方的地方官员和杭城百姓，还有什么理由不积极支持和响应巡按大人的禁令呢？

一时间，西湖豪强圈地占湖修建别墅之风刹住了，但也有一些名人逸士收拾出一些个"烂尾楼"并加以改造，以结社的名义，取名文社、诗社，巧占地盘，不过官府没有深究，毕竟逸人雅士会顾及西湖的整体环境，又是旧物利用，有些有名望之人官府还惹不起，因此也就睁一眼闭一眼，全靠他们自觉了。

《西湖禁约事文告》碑刻拓片

不过,《西湖禁约事文告》确实将有钱任性的土豪们镇住了,也规范了许多违章乱建的建筑物。

今天,重读《西湖禁约事文告》,围绕西湖再转一周,看看西湖治理的情况,颇有"天翻地覆慨而慷"的感慨!

参考文献:

1. 杜正贤:《杭州孔庙》,西泠印社出版社,2009年。
2. 刘春蕙:《明代私家园墅浅谈》,《浙里杭州》2014年第9期。

让先驱初心流芳万古
——浙江体育会摩崖题记

在西湖边的云居山一侧，有一处专门为"浙江体育会"成立凿刻的摩崖题记。题记崖壁高4米，最宽处8米，共分三组。第一组位于岩壁左侧，上刻"云山万古"四个大字，行书，字径高0.45米，宽0.35米。第二组位于岩壁中部，分两部分，上部书："中华元年（1912），浙江体育会成立，圣水寺僧大休捐山地，王君湘泉赠山岩供摩崖用，因题四字，以志不忘。永康吕公望记，宁海叶颂清书。"行书，字径高0.10米，宽0.10米。下部书"逸趣"两个大字，行书，字径高0.50米，宽0.50米，其旁有"中华四年（1915），学琴撰，大休、朱以德书并识"等小字。第三组位于岩壁右侧，楷书"贞固"二字，字径高0.53米，宽0.40米，其旁刻"仙居五莘题"五个小字。

  为一个体育会成立专门开凿石壁摩崖纪念，这在全国恐怕绝无仅有。

  公元1912年，九月，吉日。时令虽已进入秋季，但夏日的暑温还不甘心收敛，依然找个好天气出来逞逞威。就是在这样一个好天气里，浙江省政要吕公望、叶颂清、沈钧儒等召集部分同盟会员和热心体育事业的人士，在西湖边召开大会，正式宣布"浙江体育会"成立。

  本来，"浙江体育会"首任会长已经确定由同盟会员、浙江省都督朱瑞担任，但是由于公事繁忙，朱瑞没有到场。他专门给大会写信，一是祝贺"浙江体育会"成立，二是推荐吕公望接任会长。

当下，大会宣布新任会长为吕公望。

吕公望（1879—1954），字戴之，浙江永康人，清朝时的廪生，就是吃公家饭的生员。早年是光复会成员，后就读并毕业于保定军校，辛亥革命时参与光复杭州和攻克南京的战役。"浙江体育会"成立时任浙军第十一协协统、浙军第六师师长、嘉湖镇守使。

成立大会结束后，吕公望与叶颂清、沈钧儒、王莘等人随体育会热心筹办人士、圣水寺僧大休和杭城士绅王湘泉来到云居山圣水寺旁一块空地的断崖边，这便是寺僧大休和士绅王湘泉为体育会摩崖刻石找好的地方。

崖壁足有六七米高，十多米长，很适合摩崖题刻。在到处都是名人题刻的吴山旁边能找到这么一块空崖壁，着实不易。

吕公望连连赞叹："用心了，用心了。"

"浙江体育会"成立大会筹备之初，朱瑞、吕公望、叶颂清等主要发起人就商议要在西湖边找一块地方摩崖纪念，没想到大休和王湘泉这么快就找好了。

确定地方后，大休引吕公望一行到圣水寺歇息，同时在客房展纸研墨，请诸公为石壁摩崖题字。

题字非会长吕公望莫属。浙江体育会成立是件盛事，用摩崖石刻的形式记载，可留下长久纪念；体育会是为继承先烈遗志而立，是为国民强体而立，是为中华后代而传，当万古流芳。摩崖的地点在云居山，就题"云山万古"吧！沉吟一番后，吕公望写下了这四个大字。接着口述题记：

浙江体育会摩崖题记

中华元年，浙江体育会成立，圣水寺僧大休捐山地，王君湘泉赠山岩供摩崖用，因题四字，以志不忘。

永康吕公望记　宁海叶颂清书

叶颂清记下写好落款后，交给大休和王湘泉，找人书丹刻石。

当时，中华民国新政权刚刚建立，许多纷乱繁杂的事务都等着去做，地方上的各种势力也都在暗中蓄力，随时准备爆发。在这个还不太平的当口，作为浙江都督府要员的吕公望、叶颂清、沈钧儒等人为什么为一个"体育会"倾力奔波呢？

这是一种情怀，更是一个情结。

吕公望永远不会忘记，1905年，他在西湖边结识的徐锡麟和秋瑾两位革命前辈，正是他们引领他走上了革命道路。他清楚地记得加入光复会的那一天，那是他生命中最有意义的一天。他从杭州涌金码头坐小船来到雷峰塔西面的白云庵，在二楼的一间密室里，由秋瑾介绍，吕逢樵、丁载生见证，他进行了入会宣誓。从此，他与秋瑾、吕逢樵、丁载生等人一道，积极参加反清革命活动，并成为秋瑾的得力助手。回想刚刚参加光复会时的誓言，吕公望眼前就浮现出充满革命激情的秋瑾等革命党人的形象——他们怀抱救国救民的远大志向，不惜抛头颅、洒热血，为黑暗腐朽的旧制度敲响丧钟。他们这些人眼界开阔，理想崇高，身先士卒，希冀用世界最先进的思想理念驱逐列强、拯救祖国。

吕公望深受鼓舞，希望能像那些革命先辈一样冲锋在前。现在，对他影响最深的徐锡麟、秋瑾牺牲了，他也在不懈的战斗中迅速成长为一个坚定的民主革命战士。

想起先烈们指导他和朱瑞密谋起义的情景，就好像是在昨天。

现在，浙江已经宣布独立，可以大张旗鼓地开展革命事业了。必须为先烈做点什么，吕公望和朱瑞一起想到了"体育会"。

体育改变国民认知和素养是当时很新潮的理念。许多怀抱救国救民理想的仁人志士不断接受外来思潮影响，认为改变积贫积弱的祖国，就必须改变"文弱积习"的国民，而发展体育运动，"尚武"、强身是主要途径之一。看看当时的口号，也可以窥当时面貌："将以作尚武之精神，救文弱之积习。""欲强其国，先强其神；欲强其神，先强其身。"……

"体育""强国""强身"等词语登上了当时的最流行词汇榜。

那时，全国各地都在积极筹备和成立体育会组织，有名的如由唐绍仪、伍廷芳、王正廷、张伯苓等全国政界学界知名人士发起成立的学校区的体育同盟会。浙江的一些有识之士也都纷纷在各地创立体育组织，如"嘉兴竞争体育会""丽水体育会""临海耀梓体育学堂"等。不少革命党人以创办体育会为掩护，接纳各方志士，为革命培训积蓄力量。秋瑾创建的"绍兴体育会"就是在这样的大背景下，以"体育会"为掩护，积极招徕志士，积蓄革命力量的。

1905年，光复会领袖陶成章、徐锡麟等人为培养训练革命武装起义军事干部创办了绍兴大通师范学堂，学堂只设体操专修科，分特别、普通两个班。特别班学员是会党志士，普通班学员一部分是会党成员，一部分是进步青年，两班所授课程主要是兵式体操和器械体操，还酌情兼授国语、英语、日语、教育学、伦理、算术、地理、生物、图画等课程。1907年正月，秋瑾接替徐锡麟任大通学堂督办后，成立了"绍兴体育会"。她先后赴诸暨、金华、义乌、东阳、永康、兰溪、缙云等地，动员并组织了一百多名会党骨干到大通学堂集训。秋瑾对这些会党骨干的要求很严格，尤其是体能训练。由于有为革命军培养军事骨干的背景，军事体育训练就成了学生们的主修课。

民国元年七月十九日，朱瑞、吕公望、叶颂清等浙江军政要员在秋瑾烈士殉难五周年纪念大会上议定，以秋瑾等先烈创办的绍兴体育会为前身，重建体育会，名字定为"浙江体育会"，朱瑞为第一任会长。

纪念会的当天，下着小雨，从各地赶来参加纪念大会的同盟会会员和自发参加的群众排起长长的队伍。雨中，长长的队伍默默地延伸，仿佛天人感应。那种真切的、渴望的、涌动的、燃烧的，一切的痛和希望，令吕公望热泪奔涌。志士虽去五载，革命者仍在前赴后继！

在吕公望及众多倡导体育救国的热心人士的努力下，"浙江体育会"发展迅猛，全省各地积极开展体育活动，各级市县也都建立分会，一时间，发展体育、强身健体之风盛行。

不久，支持袁世凯的朱瑞在一片倒袁声中被驱逐出杭州，吕公望主持浙省工作。为进一步扩大"浙江体育会"的影响，吕公望决定以培养一批具有实际操作能力的体育军事人才为办学目的。因此，他把由王卓甫创办的浙江体育学校更名为浙江体育专门学校，亲自任校长，沈钧儒（号衡山，浙江体育会副会长）任董事长，袁文白主持校务，学校董事会成员主要是省体育会评议员和浙江军政界人士。创办经费全赖体育会长吕公望、沈钧儒两人负担。最初，沈钧儒捐赠银元三千四百块，吕公望捐银二千元，体育会各评议员也都有捐助。次年，学校向省政府申请补助，经省议会议决，政府每年补贴银元三千块。1914年春，吕公望因公务繁忙，推举浙省议员王荦担任浙江体育会会长。王荦是吕公望与"浙江体育会"的积极支持者和追随者，在他担任浙江体育专门学校教务长和校长期间，一直认真办学，注意管理，重视教授法，取得了良好的社会声誉，还于1924年获得教育部五等宝光勋章奖励。

王荦任校长期间，在体育会成立纪念崖壁上题刻了"贞固"二字，以志纪念。大休和尚在摩崖下端添刻了"逸趣"二字，以彰显题刻佳话。

浙江体育专门学校共招收了六期 365 名学生。1915 年，《申报》有这样的新闻报道：浙垣陆军第六师"定于三月一、二、三日在下城梅东高桥大操场举行体育竞技，以观平日教练之成绩。竞技科目：刺枪术、对刺、剑术、对击、竞击、竞走、徒步、三脚、障碍通过、徒手通过、担架竞走、马术、赛跑、超越障碍、器械体操、铁杠、跳远、篮球、网球、野球、角力、刀术、拳术……"

1916 年的"浙江光复日"，"浙江省中等学校第一次联合运动会"在杭州梅东高桥召开，全省 46 所中学的 2760 名运动员参加，规模非常大，时任省长的吕公望亲自担任大会会长。自此，杭城公共体育开始普及：弘道女中开设了室内体育馆；之江大学建起了第一个游泳池；公园的寸土寸金之地，建成了公众运动场地……

浙江体育会摩崖石刻作为中国体育史上的唯一一件石刻，伴随着中国体育事业的蓬勃发展，见证着先烈们用热血铸就的崇高理想——实现。

参考文献：

1. 杭州市第三次全国文物普查领导小组办公室、杭州市园林文物局：《杭州摩崖石刻》，浙江古籍出版社，2013 年。
2. 张书恒：《云居山"浙江体育会"摩崖题记丛考》，《杭州师院大学学报（社会科学版）》1987 年第 3 期。

第五辑

跳宕诗意传奇

桃花牡丹，一个美丽的错会
——"感花岩"摩崖石刻

宝成寺位于杭州吴山东南最高峰紫阳山的东山腰。寺后20米处，有一明代摩崖石刻。石刻面朝东，竖行阴刻苏轼《赏牡丹诗》，楷书；诗上方刻有"感花岩"三字，横向阴刻，行书，字高27厘米；诗刻左右两侧有明代吴东升题刻的"岁寒松竹"四字，竖向阴刻，楷书，字径50厘米。

"感花岩"题壁前，两位游客在低声争辩。一人说，《赏牡丹诗》是苏轼亲自题壁写上去的，顶多是明朝人又修复了一下，刻了个"感花岩"以提示。另一人说，这个题刻就是明朝文人穿凿附会凑到一起的，就是个"苏粉"开的雅玩笑。两人谁也说服不了谁。

究竟是怎么回事呢？

明成化年间（1465—1487），杭州吴山。紫阳洞下的宝成寺经常聚集一些苏轼的"粉丝"，在一起交流、学习、研讨苏轼的诗词书画作品，随着这的聚会名气越来越大，一些个外地"苏粉"听说后也不远千里赶来参加活动。一天，"苏粉"们对苏轼在游吴山时创作的一首诗起了争论，有人就拿出苏轼另一首题为《留别释迦院牡丹呈赵倅》的诗作阐释，说苏轼当年写这首诗时是在什么地方、是给谁写的争议很多，但不影响诗的美。其实，苏轼有许多作品没有确切的写作年月，在哪写的后人也搞不清楚。对这些作品，我们姑且欣赏就是。宝成寺的住持听有人拿出苏轼《留别释迦院牡丹呈赵倅》一诗分说，立马激动起来，忙从禅房里走出来，对众"苏粉"大喊安静。

感花岩

　　等大伙停止争论后，住持站到一块大石头上大声宣布：苏轼的《留别释迦院牡丹呈赵倅》又名《赏牡丹诗》或《留别释迦牡丹》，当年，苏大学士就是在这里写下这首诗的，我们宝成寺当年就叫"释迦院"。诗名中的"赵倅"指的是曾任参知政事的赵抃，当年他离任杭州知州时，苏轼就是接了他的班。当时，苏轼和赵抃来到宝成寺，和住持叙旧赏花，说到崔护题诗及刘郎仕途的遭遇，颇多感慨，苏轼有感而发，提笔写下了这首《留别释迦牡丹》。后来，有人把这首诗刻在寺院后面的岩壁上，虽然现在看不到壁上的诗了，但我们寺里还收藏有诗的拓本。

　　老和尚言之凿凿，众"苏粉"宁可信其有，毕竟，苏大学士一直是杭州的骄傲。"苏粉"们立马转移注意力，嚷嚷着要一睹寺院藏着的宝贝——《赏牡丹诗》拓本。老和尚小心翼翼取出拓本，众人展读一番后，决定筹资在寺旁建一座苏轼祠，再照拓本原样把《赏牡丹诗》刻到岩壁上。有人提议，爽性把崔护和刘郎也"请"到咱们杭州来，各选一首他们的诗刻在岩壁上。大家表示赞成，说崔护当年如果到咱们杭州，说不定还会留下"人面牡丹相映红"的诗句呢，也不枉苏大学士在诗里的一番盛情。

一帮"苏粉"热情讨论一番后，纷纷慷慨解囊，委托宝成寺住持在寺院边上修建苏轼祠堂，作为以后集会纪念苏轼的场所，并选定离寺院20米处的一面岩壁摹刻苏轼的《赏牡丹诗》，热情的"苏粉"们还不遗余力地为吴山曾经有崔护桃花和苏轼牡丹的韵事宣传造势。

明朝中期，文人学者们很喜欢点评古人的文章辞赋，三言两语，随文批注，或意会，或评改，形式灵活，评点多了，就集成出版。那时候，涌现出一批热衷赏析评点苏轼诗文书画的"苏粉"。苏轼的诗文，不管是旅游记怀，还是禅意鸡汤、书画点评，都成为"苏粉"们定时集会、热议畅谈的话题。他们定期发表自己的读书心得，然后结集出版。特别是杭州，"苏粉"们还专门成立了纪念苏轼的诗社和学术研究会，每隔一段时间就召开纪念大会。当时，"苏粉"们曾经为苏轼的文好还是诗词好争得不亦乐乎，差点打起来。如一个叫杨慎的人认为苏文忠公（苏轼谥号"文忠"）是"宋代诗祖"，一个叫都穆的人认为"苏文忠公文章之富，古今莫有过者"，还有田汝成、李贽、茅维等"苏粉"，对苏轼盛赞有加，认为"自古文士之见道者，必推眉山苏长公其人，读其文而可概已"。

"感花岩"摩崖题刻就是"苏粉"们推波助澜的结果。

没过多久，苏轼的《赏牡丹诗》就按照拓本的样子，实实在在嵌在石壁上了。开光剪彩时，大批"苏粉"赶到宝成寺观赏石壁题刻。

春风小院初来时，壁间惟见使君诗。
应问使君何处去，凭花说与春风知。
年年岁岁何穷已，花似今年人老矣。
去年崔护若重来，前度刘郎在千里。

熙宁壬子芳春吉旦　东坡题

诗刻为楷书，竖向阴刻，字径8厘米，共6排。

有细心的"苏粉"在观赏后提出异议，发帖子说：《赏牡丹诗》虽是苏轼写的，但书法字迹却不太像出自苏大学士本人之手，包括落款，也不像苏轼的一贯写作风格，有作伪之嫌。

很快就有人跟帖：这首诗是苏轼在宋神宗熙宁九年（1076）九月在密州（今山东诸城）知州任上，得知自己将调任河中府（今山西永济）时，写给他的副手、时任密州通判赵成伯的，而且密州也有个"释迦院"。

又有人跟帖说：对，当时的确有位通判叫赵成伯，是安徽宛溪人，熙宁八年（1075）初冬以尚书郎的身份任密州通判，苏轼也称其为赵郎中，两人相交甚笃，赵成伯的老母亲做寿时苏轼还专门题了词。

还有人跟帖说：这首诗是苏轼在徐州写的，当时苏轼被临时改调到徐州任职，而且徐州也有个"释迦院"。

苏轼的杭州"热粉"们见有人提出这么多异见，马上集结力量，群起而攻之：

《赏牡丹诗》中的"刘郎"是唐代诗人刘禹锡，因他参与"永贞革新"而屡遭贬谪。遭贬谪后，刘禹锡仍泰然乐观,自称"刘郎",写下"百亩庭中半是苔,桃花净尽菜花开。种桃道士归何处?前度刘郎今又来"的诗句。赵抃曾两次来杭州任知州,苏东坡也是两次在杭州为官,赵、苏都因反对王安石变法而先后被贬谪到杭州,但他们与刘禹锡一样,没有气馁,泰然乐观。两人惺惺相惜,为杭州百姓办了不少实事,都是杭州百姓心目中的好官,是杭州人民永远的怀念。

苏轼热爱杭州,酷爱吴山,有许多写吴山的诗文可以佐证。

崔护的"人面桃花诗"就是题写在离宝成寺不远的一座茅庵的大门上的。

那些说苏轼《赏牡丹诗》是在别处写给他人的人是"大内奸""大叛徒",明显是别有用心,故意扰乱视听,想要抹黑苏文忠公,抹黑杭州,更是对当朝的蔑视,应该驱逐出"群"。

看这架势,上纲上线的,反正诗是苏轼写的没错,吴山也是人文荟萃之地,说什么也无伤大雅,考据派也就偃旗息鼓了,"苏粉"群里渐渐只留下了一种声音。

总之,苏轼和宝成寺关系紧密不再有什么争议,苏轼祠堂也可以名正言顺地在宝成寺竣工了。

各安其好。

当时,在杭州任职的一名叫吴东升的武官在观赏过《赏牡丹诗》题刻后,总感觉单薄了点,特别是离得远一点,没人指点,根本就注意不到有苏轼的一首诗刻在岩壁上。一天,吴东升在宝成寺苏轼祠祭拜一番后走到《赏牡丹诗》

石刻前，看见岩石的裂缝像极了一棵老松和一丛风竹，灵感突至，如果在诗刻两边刻上"岁寒松竹"四个大字，既可提醒参观者，又可以护佑诗刻，而且和苏轼的精神情怀契合，还能彰显苏文忠公的高风亮节，岂不美哉！吴东升的书法当时在杭州也颇有名气，他在苏轼诗刻两边题写了"岁寒松竹"之后，又吸引了大批"苏粉"前来瞻拜。

转眼几十年过去了。到了晚明时期，孙汝水、朱术珣两位学人拜谒宝成寺苏轼祠，见石壁上的苏诗题刻部分字迹已经模糊漫漶，就出资维护修葺了一番，并在诗题正上方题刻了"感花岩"三个大字，建感花亭保护。

且不管感花岩上的诗是自别处"借"来的还是确实是在这里写的，这都是杭州"苏粉"对苏轼的崇敬和感念。对这种情感，有人是这样评价的："杜撰得工巧如斯，也算是雅事一桩。"

真是雅事。我们不妨来看看这些个明朝"苏粉"们是如何演绎这个完整故事的吧。

唐朝某一年春天，进京赶考的诗人崔护又落榜了。郁闷的落第诗人决定找个地方散散心，于是就背起行囊，一路南行到了杭州西湖边。时值清明节，细雨迷蒙。湖上烟波渺渺，湖边草长莺飞，环湖一周，只见一树树桃花在轻舞的柳丝间若隐若现，着实有点撩人。诗人见如此景致，胸中块垒已消解大半。一路走走停停，用手比画个画框截下一幅幅图画，不觉间来到一座山上。只见山间怪石林立、参差错落，间有各色不知名的野花妆点，崔护很是惊喜，就打算停下细赏一番。时值中午，雨住莺啼，他正准备找个最佳位置坐下歇息一番，一抬头，见前面一间茅舍在一树桃花中隐隐露出，一丝炊烟袅袅升起。崔护忽然觉得有点口渴，肚子也咕咕叫起来，就决定到茅舍去讨碗水喝，说不定还能碰到位隐士畅谈一番。轻扣柴门后，出人意料，开门的竟是一位年轻素颜女子，在一树桃花的映衬下显得楚楚动人。女子见来人是一位年轻斯文的后生，直直盯了好一阵才慌忙迎客人进屋。崔护自报家门后说明来意，家中一位老者吩咐女子端水递茶，女子慌乱间却打烂了茶碗。看着满脸羞红的女子把重新沏好的茶水端上来后，崔护心生怜爱，迟迟不愿挪动脚步。

女子告诉崔护，她和她爹住的地方叫吴山，欢迎崔护下次再来。

两人依依惜别。回家大半年后，崔护脑子里频频闪现这位女子的画面，挥之不去。于是，他决定第二年清明时节再到杭州踏春寻人。

转眼已到清明。一路急切赶到吴山，只见桃花盛开处茅屋还在，却没了丝丝袅袅的炊烟；急切敲门，柴门紧闭，桃花纷纷飘落，不见来人开门。崔护满怀惆怅，绕着茅屋徘徊不舍，之后在柴门的左侧石壁上题诗抒怀："去年今日此门中，人面桃花相映红。人面不知何处去，桃花依旧笑春风。"

春风，美人，桃花，这首诗让许多文人骚客惋惜了一百多年之后，这个女子住的地方建起了一座宝成寺，又名释迦院。

如此红尘净地又是百余年。

一位叫苏轼的人到杭州任知州，这位曾经在杭州任过副职的大文豪，邀请前任赵抃到位于吴山紫阳洞脚下的宝成寺话别。叙话间，谈到曾经因为桃花美人不得见郁郁成疾的崔护，谈到两人彼此相同的际遇和抱负，不觉怅然。这时，寺庙院子里牡丹开得正艳。美人桃花，知己牡丹，微醺的苏东坡挥毫在墙壁上写下了《赏牡丹诗》。

其实，崔护的"人面桃花诗"原名叫《题都城南庄》，地方在长安南郊；苏轼的《赏牡丹诗》又叫《留别释迦院牡丹呈赵倅》，是在山东密州写的。

桃花美人，牡丹知己，一个美丽的错会。

这美丽的错会，一切基于对前辈的敬仰和怀念。

参考文献：

1. 樊庆彦：《明代苏轼研究"中熄"说献疑——兼论明代苏文评点的学术价值》，《复旦大学学报（社会科学版）》2010年第3期。
2. 杭州市第三次全国文物普查领导小组办公室、杭州市园林文物局：《杭州摩崖石刻》，浙江古籍出版社，2013年。

找寻石林丛中的雅逸韵致
——万松书院摩崖石刻

万松书院位于杭州西湖边的小九华山上，里面的留月崖、芙蓉岩、圭峰等景点留有明清以来历代摩崖题刻二十多处。这些题刻书艺精湛，凿刻细腻，风格各异，是一道难得的雅赏景观。

站在万松书院西北侧高台，西湖的绰约风姿尽收眼底。想象一下：课余时间，持一卷闲书，一定得是闲书，不能是经书，信步到书院西北侧，行走在嶙峋剔透的石林中间，左顾右盼，在姿态奇特的石丛中找寻那书艺精湛的摩崖题刻，心追手摹一番，然后寻一处清净自在的地方，在山风鸟鸣中读一阵闲书，望一阵湖景，发一会呆，瞬时会有脑洞大开的感觉。

在这样的书院读书肯定读不傻。解读那些佶屈聱牙的圣贤书，一定会像某教授在百家讲坛上讲的那般异彩纷呈。可惜梁山伯枉费了这块风水宝地，到毕业都没敢怀疑祝英台是个女的，也算前生缘浅吧。

小辉约大张信步万松书院西北侧的石林是花了些小心思的。

两人是在书院的相亲会上认识的。彼此介绍认识后才知道，他们是本科校友，并且是同届的。只不过大张学理工，小辉学艺术设计，彼此在校园没有什么交集。两人是应父母之命参加相亲会的，大张典型的理工男形象引起了小辉的好奇心，小辉大方的性格也给理工男留下了良好的印象，加上校友这层关系，彼此很快熟络起来。

看着这个言语不多的理工男，小辉的心快速地跳动了那么一下下。肯定不是早搏，这是以前相亲从来不曾有过的。于是小辉灵机一动：游览万松书院，考察考察这位理工男的人文底蕴有多厚。

在书院孔子殿前，小辉告诉大张：梁山伯和祝英台在万松书院读过书，同窗三年，直到毕业，不是师母点破，梁山伯一直不知道祝英台是个女的，你说梁山伯是不是读书读傻的一个"大傻帽"？小辉的问题搞得大张有点紧张，他回答得有点磕巴：知道，知道一些。回答完他又补充了一句："我不相信这件事，这就是那些个作家文人瞎编的。"

补充的一句话惹小辉生了一丝丝的不快，她想捉弄一下这个不解风情的理工男。当理工男在芙蓉岩石的望湖亭上欣赏远处的西湖美景时，小辉突然把他拉到一块大岩石旁，指着刻有"高明光大"和"青天白日"的摩崖石刻说："这些刻在石头上的字你知道叫什么吗？叫摩崖石刻，就是先用毛笔把字写在石头上，再请刻字好的石匠把字刻出来，也有自己又写又刻的。这两处的大字就是当年梁山伯和祝英台在这里读书时，那个傻乎乎的梁山伯自己写好刻上去的。他认为读圣贤书，就该刻这样的字来明志，或者说这就是他读经书的心得体会。你看那个落款，'白'就是'伯'字丢了人了。还有那个'有美'，一看就很清秀，是祝英台刻上去的，就是提示梁山伯这里有美景也有美人。当年，梁山伯和祝英台经常课后相约散步到这里，谈理想，谈未来的生活，谈兄弟情谊和男女情谊的区别。还有，这块大石头上的'卧云'二字，也是祝英台暗示梁山伯她是个女孩子时刻的。这片石林有许多他们活动的踪迹，不信你再找找，那小小的'宝座''石倚'题刻就是他俩发现石洞中有一对天然石椅子时共同刻下的。梁山伯和祝英台就是在这里同窗三年，你和我在同一所大学读书四年，我们谁也不知道谁，难道说这也是不存在的么？"

小辉连珠炮似的解读和发问，搞得理工男更紧张了。他定定地看着小辉因激动微微涨红的脸颊，舔了舔舌头，只是点头"哦哦哦"。

小辉终于舒了口气，让这个不解风情的理工男想去吧。然后小鸟一般，翩翩飞出书院，消失在人流中。

留下理工男在风中凌乱。

一个星期后，理工男来电话约小辉吃饭，小辉故意逗他说没空。理工男说有件东西要送她，小辉答应了。

小辉期待着理工男送她的东西，会不会有点浪漫色彩？点好餐后，理工男从他的包里取出一个文件夹，里面夹了厚厚一沓 A4 纸。

不会是情书吧？小辉脑中念头一闪，微微有些激动。

理工男告诉小辉，那天离开万松书院后，他特意到图书馆查了些资料。

他把文件夹递给小辉后接着说："这里面是我查到的有关万松书院和书院摩崖石刻的一些资料。你那天告诉我的，全不是那么回事。"

"万松书院是明朝弘治十一年（1498），由浙江右参政周木在原报恩寺的遗址上改建的。名字是根据白居易

万松书院"青天白日"石刻

万松书院"高明""光大"石刻

的'万株松树青山上'诗句起的。明嘉靖九年（1530），浙江左布政使顾璘与观察使汪珊、枢密使李节三个人发现书院西北侧的石林玲珑嶙峋、气象万千，感叹如此美景无人欣赏，简直是暴殄天物，辜负了自然的造化，就命人开山辟路，显露出了这片石林。他们把石林分成三部分，分别集资修建了振衣亭、卧萃亭、寒椒亭三座亭子。从此，石林成为书院一景，那些个到书院访问的学者和在书院教书、读书的先生士子们经常流连其间，留下大量的题咏石林的诗篇和多处摩崖题记。但是，梁山伯和祝英台没有留下什么题刻。"

"那天你指的'高明光大'和'青天白日'摩崖石刻，不是'丢人'的梁山伯刻写的。石刻落款为'白泉书'。白泉是谁不清楚，不过，'高明光大'和月岩上洪珠题刻的'高大光明'字体非常接近，很像是同一个人写的。洪珠有名有姓有记载，白泉和洪珠究竟是不是同一个人，让专家来考证吧，但肯定不是梁山伯写的。'有美'也不是祝英台题刻的，这两个字是康熙年间著名的清官、浙江巡抚张鹏翮题刻的。他在不远的留月崖上还题刻了一首诗，整首诗我都录下来了，记得其中两句是'山水多情似画图，瑞云深处见城隅'。"

"这些东西是我根据资料整理的。万松书院摩崖石刻大部分有名有姓。你说的那个'宝座''石倚'题刻，根本也不是梁山伯和祝英台一起题刻的。题刻的落款是'思道'，此人大名叫'方豪'，'思道'是他的号。他是明朝正德三年（1508）的进士，当过知县，做过刑部主事、湖广副使，一生纵情山水，写了好多本书，还喜欢到处题刻，也很潇洒，西湖周围的山如凤凰山、南屏山上，都能见到他的题刻。在'宝座''石倚'题刻附近，还有'望湖石''石匣泉''幔石'等题刻，都是这个方豪写的。'万古嶙峋''江汉秋阳'等大字的作者张文熙是万历五年（1577）进士，曾做过浙江乡试的考官，是位大书法家。还有很多，我也记不清了，资料里都有，你自己看看。对了，找不到作者的题刻'开襟'，因为字体独特，有敞开胸襟的气象，我也很喜欢，后面有我的心得。还有许多记事碑刻我没有查找，有时间我们专门去欣赏吧。"

"梁山伯和祝英台的故事真的很凄美，上小学时老师就给我们讲过这个故事，还专门给我们放了根据故事谱写的乐曲。那小提琴的声音，差一点让我上了音乐学院。但我真的找不到两人在万松书院学习的证据，不过还是找到这么一段资料，你看最后一页。"

小辉把文件夹翻到最后，只见那页写着：

"梁祝"故事最早见于一千四百多年前南朝的《金镂子》，以后明代冯梦龙的《古今小说·李秀卿义结黄贞女》、清代吴景樯的《祝英台小传》等都有

万松书院"万古嶙峋""日光玉紫"石刻

记述，但里面的梁祝读书处各不相同。最早将"梁祝"故事与万松书院拉上关系的是明末清初寓居杭州的剧作家李渔，他创作的笔记小说《同窗记》把现在流传版本中的书院、山川、草桥、长亭等都编了进去，增添了故事的说服力和渲染力。美丽的传说使肃穆的书院有了人情的温馨，著名的学府更使虚无的故事有了真实的背景，万松书院也因此成为人们心目中的"梁祝书院"。

小张这时又总结式地说了一句："对了，这个地方还有一个名字叫'小九华山'。"

小张充分发挥理工男思维缜密、逻辑性强、记忆力好的优势，给小辉上了一堂文史知识普及课。小辉眼睛盯着桌上的美味，有一搭没一搭地听着理工男的考据，心情低落到了冰点，同时也有一点莫名的感动。她也真没想到，自己随便开个玩笑，竟让这个认真的男孩下了如此大的一番功夫。

小辉坐在餐桌旁，心中五味杂陈。

不过，这个文件夹倒让小辉发现了理工男的优点和认真。据说，理工男再次约小辉时专门带了小提琴，小辉在听了理工男用小提琴演奏的《梁祝》后感情迅速升温，不久两个人就发展到谈婚论嫁的地步。

后来理工男向小辉透露，自己最主要是受书院留月崖上的"开襟"题刻启示才追到小辉的。还有，几处题刻的作者都姓张，他也姓张嘛。

万松书院的摩崖石刻也算是见证了一段美事。

参考文献：

1. 邵群：《万松书院》，湖南大学出版社，2014年。
2. 金志敏：《杭州凤凰山摩崖萃编》，西泠印社出版社，2014年。

御花园的赏月石不是谁都可以刻画的
——凤凰山月岩摩崖题刻

凤凰山上月岩部分题刻："光影中天"为北宋蔡襄题刻，楷书平列，字龛高70厘米，宽205厘米，字径60厘米，其中"影"字和"天"字风化严重，落款可辨"古澫蔡□"。"高大光明"为明朝洪珠题刻，楷书平列，字龛高82厘米，宽290厘米，字径72厘米，其中"高"字风化明显，落款"莆田洪珠书"。

月岩在杭州凤凰山上，圣果寺西南。

月岩在南宋皇家禁苑。

一片玲珑奇巧的石灰岩石上有一圆形小孔，岩下有一池清水，明人田汝成在他的《西湖游览志余》中记载：每到中秋之夜，月光从岩孔穿出，幻化成一轮明月，刚好投射于池中，天上地下，相映成双。

月岩是一处奇妙的赏月胜地，"月岩望影"曾经与"三潭印月""平湖秋月"齐名。

月岩上有许多摩崖：北宋著名书法家蔡襄书写的"光影中天"题刻，字迹虽已斑驳，但浑厚端庄、静淳深婉的书风依然可识；元人陈天瑞的诗歌题咏挥洒自如，颇有隐逸之风；明人"高大光明""无影相""本来面目""垂莲石"等大字题刻疏密有致、气息古穆。

仔细辨别，你会发现一个有意思的现象，在喜欢写字题刻的南宋，在最解风月的皇家禁苑，在这处著名的

月岩

赏月胜地，居然没有留下一星半点的文字或图案。每到中秋晴夜，南宋皇宫里的嫔妃佳丽、皇亲国戚，都会到月岩边赏月观影，若静下来细听，还能听到钱塘涛声。如此美妙的胜地，怎么就没有人效法前贤，题壁留墨呢？甚至连最喜欢写字题刻的宋高宗也没在这里留下只字片言。

记挂月岩的题刻，就想千方百计探个究竟。

秋月光影，世事诡谲。不知道在中秋月夜，能不能访问到曾在月岩下吟风弄月到深夜的前贤，能不能探得蛛丝马迹。

月岩有月窦，疑是神鬼镌。高擎石之杪，空洞径尺圆。日月出没时，光影皆斜穿。独是中秋夜，奇景不可笺。以月嵌月窦，分毫不爽焉。老僧指示予，予初疑浪传。襆被约友人，候月圣果巅。童仆性狂躁，数往惊否然。直至夜将半，明月当中天。月循窦中入，地下玉镜旋。人由窦中视,天上合璧悬。携月就心印,快睹旧物还。太息下山宿,勿复疑山川。

刚到山上,就被抑扬顿挫的吟哦之声吸引。不远处,只见一位梳长辫、穿长褂、一袭清朝装束的中年人在月光下忘情地吟诵。见有来人,他很是惊讶,停顿片刻后自报家门。他叫沈捷,南京人,是个卖画鬻字的文人,喜欢宋朝文化,自费研究月岩望影已经多年,每年中秋月圆之夜都会到这里来观察研究。现在,他已经准确掌握了在中秋月夜的几时几刻可以见到月影通过月岩孔洞投射在池水中的胜景。刚才就是他在吟诵自作的《月岩》诗。

他问我是什么人,是不是也来这里探究月影的。一番对话,我们才知道彼此来自不同时空,他来自清朝,我来自现代。得知我的来意和困惑后,沈捷建议道:再过半个时辰,月亮就会通过月岩的孔洞投到清水池中,当天空、石孔、水池月影呈一线时,或许可以见到某位到过这里的前人,比如蔡襄,比如南宋某位皇帝或者嫔妃,不过,时机稍纵即逝,得抓紧时间访问,待时间一过恐怕就得等来年了。

月影移动,万籁俱寂。

按照沈捷的吩咐,我静静等待那个"对接窗口"。突然,只见一宋人打扮的文人在陈天瑞诗刻处摩挲沉吟。我连忙上前打问,得知他就是月岩上的诗刻作者陈天瑞,不由得兴奋异常,沈捷真没说错,我真的见到前贤了。陈天瑞倒是没什么表情,只是陌生又漠然地盯着我,问:"我的题刻虽然是元代纪年,但我是南宋遗民,我的诗刻算不算是南宋时期在月岩上的题刻呢?"

月岩附近的"高大光明""光影中天"石刻

算不算呢？疑问被一串女人的笑声打断。只见一位气度不凡、身材偏胖的长者携一位年轻女子缓缓走来，他仿佛知道我要问什么，走到跟前时不屑地斜睨了我一眼，严肃而又威严地说："月岩是天工造化，岂容俗人造次！月岩是皇家禁地，岂容外人胡写乱画！"冲着渐远的背影，我喊道："那蔡襄就是俗人一个了！？"没有听到回答，却听到身后有人问话："你是什么人，居然敢说蔡襄是俗人？"猛回头，见一蓄胡子的老者，满脸严肃，双目逼视，等我回答。此人正是蔡襄。作为书法"宋四家"的"粉丝",突然见到大书法家本人,我有点手足无措。说真的,连名气最大的苏轼都评价蔡襄书法"天资既高,积学深至,心手相应,变态无穷,遂为本朝第一",浅薄如我的后学今人哪有资格批评前辈。蔡襄一般不随便题字、赠人墨宝,所以传世作品较少,不想月岩上的"光影中天"四个浑厚端庄、恬静自适的大字却让大师背了"俗人"之嫌。我突然意识到,那个携美人远去的人,当是南宋皇帝、书法高手宋高宗了。待我回过神来想要再问些什么,眼前却只留下些影影绰绰的模糊影像。蔡襄生前最后一任官职是杭州知府,想必这位知府在月岩赏月之时,把自己的人生际遇都寄寓在这月色光影之中了。

正想和前贤交流,怎奈月移影动,与古人前贤的最佳对话时机已过。

耳边仍是那个叫沈捷的画家在吟诗:

怪石堆云矗太空,女娲炼出广寒宫。
一轮常满阴晴见,万古无亏昼夜同。
捣药声繁驱白兔,漏天孔正透清风。
光明自照如来镜,肯学姮娥西复东。

这是陈天瑞刻在月岩上的那首诗。不是这位沈捷先贤吟哦,单就岩石上模糊的字迹还真读不出来。

南宋的皇宫葬于元军的一把大火,昔日的禁苑才让陈天瑞这个南宋遗民有机会题刻"一轮常满阴晴见"。

其实,元代的统治者也是不愿意让人在昔日的南宋禁苑里随便刻画的,他们不愿意让民众对前朝再有怀念之情。到明朝时,许多文人名士借游园抒性情,借怀古找认同，因此月岩上就又有了许多题刻。

"嗨！嗨！别发呆了。今日最佳时机已过，想要再和前贤交流只能等明年的今日了。"沈捷将我跑远的思路牵回来，他指着一处刻了"高大光明"四个大字的地方说："你看，那四个大字怎样？这是明朝时的大书法家洪珠题刻的。你看到过岳王庙墓道前方照壁上的'尽忠报国'四个擘窠大字吗？也是他写的。这是个有故事的人。据说，因为题写'尽忠报国'差点蹲监狱，也因为这四个大字因祸得福，被皇帝赐予进士出身并留在身边。这人酷爱书法，虽然写得一手好字却不张扬。他在杭州府当差时，知府奉旨重修岳王墓，修好后，想在岳坟后的山岩上摩崖'尽忠报国'四字。当时，知府请了不少书法名家题写，但都不满意。那时，洪珠只是籍籍无名之辈，想毛遂自荐，又怕被人耻笑。又过了些天，见知府还在征集题刻，他就下决心一试。他特制了几把软苇毛帚，反复试用后，选了一个月夜，在准备摩崖的岩石上一气挥洒了四个三尺见方的擘窠大字，并落款'莆邑洪珠书'。第二天一早，知府就得到消息，赶紧前去查看。这可是皇家工程，未经允许，谁敢这么胆大包天，随便乱题。到了现场，知府见到潇洒刚劲的四个大字，大吃一惊，连说'好字，好字'，只是不知道书写者洪珠是什么人，立即下令追查。当时刚刚登基的嘉靖皇帝听报有人未经允许随便在岳王墓上乱写乱画，非常生气，下旨将这个胆大妄为的洪珠递解进京，并亲自审问这个胆大妄为之徒。一番对答后，嘉靖皇帝对这个有胆识又有才华的小吏非常欣赏，当即宣布洪珠无罪，还赐了进士出身，留京候用。不久又敕授他为户部主事，督办浙江粮糟事。从此，'尽忠报国'四字名闻天下。"

月岩上的"高大光明"想必也是这个胆大的洪珠在心中和南宋皇室较劲吧。

听前辈吟诗讲故事还真是一种享受。

月过中天,前辈的声音和身影渐渐模糊,直至消失。在清亮的月光下,树影晃动,偶有夜鸟鸣叫。

回到住地,仿佛做了一个梦。

参考文献:

1. 金志敏:《杭州凤凰山摩崖萃编》,西泠印社出版社,2014年。
2. 〔清〕阮元:《两浙金石志》,浙江古籍出版社,2012年。
3. 〔明〕田汝成撰,〔清〕姚靖增删:《西湖志》八卷(附:《西湖志余》十八卷),清康熙二十八年(1689)刻本。

两处显迹，三世情缘
——"三生石"题刻

"三生石"题刻位于杭州法镜寺后西北200米处，由三块天然巨石组成。"三生石"三个字刻在第二块大石头背后，篆体，字径25厘米。其东面有"唐圆泽和尚三生石迹"石刻，高102厘米，宽60厘米，落款"民国二年（1913）夏四月日立，嘉兴金庭芬书"。

在一次旅行途中，我遇到一对年轻的情侣。男孩姓桑，他告诉我，他们已经出门二十多天了，出来的目的是寻找"三生石"。我好奇地问他们知道"三生石"的来历吗？为啥这么认真地到处寻找"三生石"？到杭州灵隐寺那里找过吗？小桑见我如此好奇，就高兴地分享了他们为什么这么执拗地寻找"三生石"的故事。

最初只是小桑哄女朋友开心的一个小举措。

一次，小桑在饰品店里选购了一款情侣水晶吊坠，吊坠上刻了三个篆体字——三生石。老板告诉他，水晶"三生石"能量场很大，情侣佩戴能增进彼此的情感，能续三生三世姻缘。知道"三生石"这三个篆字的原版在哪吗？在杭州西湖边，故事很多呢。

前些天，小桑和女朋友闹了点别扭，本来就准备这两天出去旅行一次，化解一下之前的小疙瘩，经饰品店老板这么一说，他就决定约女朋友前往杭州，找到西湖边"三生石"的原版，增加点"能量场"。

做了一番攻略后，小桑到女朋友处认错受罚，亲自

三生石

给她戴好水晶吊坠，约定好出发日，这才长舒了一口气。

小桑知道女朋友喜欢神秘世界、多维空间、能量场，就认真查了些这方面的资料，好哄她开心。给女友佩戴吊坠时，小桑特意讲了水晶能量场的阴阳气场转化，并告诉她，"三生石"是块很有名的石头，传说是女娲造人时成就的灵石。女娲造人时用沙粒计数，造一个人，数一粒沙，日积月累，计数的沙粒聚合成型，吸取日月精华之后有了灵智，就想吞噬天地人三界。女娲发现苗头不对，就施展镇魔法术将其镇住，并封其为"三生石"，放在鬼门关忘川河边，掌管三世姻缘轮回。后来女娲造的人越来越多，为方便轮回，就在多处置放了"三生石"，除了姻缘，还管三世各类情缘。

"咱们这对吊坠就是从女娲的'三生石'上面切下来的。"小桑充分发挥语言才能，让女友两眼放光。

西湖本就风光无限，加上塔封白蛇、梁祝化蝶等传奇故事，让这对小情侣玩得非常开心。从灵隐寺出来后，小桑循迹在下天竺法镜寺后的茶园中找到了"三生石"。只见幽静的茶园中，散布着三块大石头，每块石头都有一丈多高。在第二块大石头的背面，刻有"三生石"三个篆字，字径 25 厘米，他们和胸前垂挂的水晶石上刻的"三生石"比对了一番，还真是找到了原版。石头的另一侧有一方高 102 厘米、宽 60 厘米的楷书题刻，标题是《唐圆泽和尚三生石迹》，全文如下：

> 师名圆泽，居慧林，与洛京守李源为友，约往蜀峨嵋礼普贤大士。师欲行斜谷道，源欲溯峡。师不可，源强之，乃行。舟次南浦，见妇人锦裆负婴汲水，师见而泣曰："吾始不欲行此道者，为是也，彼孕我已三年，今见之不可逃矣，三日浴儿时，愿公临门，我以一笑为信。十二年后，钱塘天竺寺外，当与公相见。"言讫而化。妇既乳儿，源往视之，果笑，寻即回舟。如期至天竺，当中秋月下，闻葛洪井畔有牧儿扣角而歌曰："三生石上旧精魂，赏月吟风不用论。惭愧情人远相访，此身虽异性常存。"源知是师，乃趋前曰："泽公健否？"儿曰："李公真信士也，我与君殊途，切勿相近，唯以勤修勉之。"又歌曰："身前身后事茫茫，欲话因缘恐断肠。吴越江山寻已遍，却回烟棹上瞿塘。"遂去，莫知所之。

落款为"民国二年（1913）夏四月日立，嘉兴金庭芬书，本寺住持继祖同德月涛重刻"。

两人磕磕绊绊解读完这段文言文字，天色已经不早。原来这是讲两个男人践行约定的故事。

故事发生在唐朝中期。圆泽、李源，一个出家和尚，一个隐修居士，两人在洛阳惠（慧）林寺吟诗唱和、说佛论道，关系很好。某天，两人相约到峨眉山拜普贤大士，在走水路还是走陆路上发生分歧，原因是圆泽和尚知道自己走水路会碰到宿命中的投胎，可又拗不过李源的固执，为成全朋友心意，也就认命了。果不其然，在南浦渡口，两人碰到一个取水的孕妇，圆泽指着孕妇，把自己选择走陆路不走水路的原因告诉了李源：孕妇怀的就是再世的自己，因为不愿意和朋友分开，就迟迟躲着。孕妇已经怀孕三年了，现在遇上了自己就得投胎去了。他告诉李源，三天后，到一个举办浴儿礼仪的人家去，这家有一个刚出生三天的婴儿，见到后，婴儿会朝他笑。十二年后的中秋，到杭州的天竺寺外等他，他们会再次相见。说完圆泽和尚就坐化了。三天后，李源找到了一个姓王的人家，正在设宴浴儿。在那里，李源见到了向他微笑的婴儿，一切应验。

李源没心思游玩，安排完圆泽和尚的身后事就回洛阳惠林寺去了。十二年后，他到杭州西湖天竺寺去赴圆泽的约会。中秋月夜，李源在寺外忽然听到葛洪川畔传来牧童拍着牛角的歌声：

  三生石上旧精魂，赏月吟风不用论。
  惭愧情人远相访，此身虽异性常存。

李源听了，知道是老朋友来了，忍不住问道："泽公，你还好吗？"

牧童说："李公真守信约，可惜我的俗缘未了，不能和你再亲近，我们只有努力修行不堕落，将来定会有会面的日子。"随即又唱了一首歌：

  身前身后事茫茫，欲话因缘恐断肠。
  吴越江山寻已遍，却回烟棹上瞿塘。

歌声慢慢远去，再看不到牧童身影。

据说，现在的"三生石"就位于当年李源和圆泽约见的地方。有时间，有地点，有人物，有记载。询问当地人，他们都会自豪地告诉你，这是一个真实的故事，连北宋时在杭州做过知州的大文豪苏东坡都专门写了《僧圆泽传》，有的老人还能给你讲许多你不知道的细节，比如二人去峨眉山的沿途风光、十二年后牧童骑的是什么牛。

小桑他们在石头边许愿，拍照留念，随后还特意在纪念品店买了拓本复印件。

他们知道，这块"三生石"边发生的本来是两个男人践约朋友情义的故事，自己来这里本来就是为了吸取原版"三生石"能量的。抚着"三生石"许了愿，加了连心锁，也听了当地关于"三生石"不同版本的演绎，

西湖佳话古今遗迹·三生石迹

已经收获满满了。他们决定回去后，让首饰店老板把牧童唱的第一首歌谣刻在水晶石的背面。

至于金庭芬是什么人，记载不多，想必是一个寻求世间真情义的"三生石""铁粉"吧。他把这个故事刻在石头上，是想让后世更多的人能循迹寻踪。

小桑的这次西湖之旅不仅在"三生石"原版处汲取了能量，而且还有一个意外收获：游览乾隆皇帝喜欢的南屏山"小有天园"时，见到司马光《家人卦》题刻的起首也有"三生石"三个篆字，难不成这也是块女娲的"三生石"？两块石头相距不过几公里，这块石头难道是"三生三世，十里桃花"？

清朝丁敬的《武林金石记》对这里的"三生石"确有记载，只是"殊不可解"。

这对小情侣回去不久就结了婚，婚后甜甜蜜蜜，幸福美满。他们觉得是"三生石"能量场带给他们的正能量，因此决定每年都出外地旅行一趟，找寻女娲散落在各地的"三生石"，去循迹膜拜。

小桑后来悄悄地告诉我，其实，说白了，能量场就是相爱和珍惜。

参考文献：

1. 金志敏：《杭州凤凰山摩崖萃编》，西泠印社出版社，2014年。
2. 〔清〕阮元：《两浙金石志》，浙江古籍出版社，2012年。
3. 〔明〕田汝成撰，〔清〕姚靖增删：《西湖志》八卷（附：《西湖志余》十八卷），清康熙二十八年（1689）刻本。

喝令怪石上下翻飞的高人在哪
——径山"喝石"题刻

"喝石"位于余杭区径山寺东北天水坑的孤岩上，高 2 米、宽 2 米、厚约 0.6 米。此处有并立的三块大石头，与四周无一牵连，远远望去就像一个"川"字，所以又叫"川字石"。岩石上刻有"喝石"两个大字，下署"西吴韩昌箕书"六字。

听朋友讲了这么一个故事。

两百年前，一位北方土豪带着儿子参加了浙江余杭径山茶宴。径山茶宴是当地的一项佛事活动，诞生于余杭区径山镇径山万寿禅寺，始于唐，盛于宋，流传至今，已有一千两百余年历史，是径山古刹以茶代酒宴请客人的一种独特的饮茶仪式。后来茶宴传到日本，渐渐演变成了后来的日本茶道。

径山茶宴仪式繁复，从张茶榜、击茶鼓、恭请入堂、上香礼佛、煎汤点茶、行盏分茶、说偈吃茶到谢茶退堂，有十多道程序。土豪本意是带儿子感受一下中国传统文化的精髓，没想到却是花钱找罪受：繁复的礼仪搞得人心生烦躁，坐立不安。好不容易熬到仪式结束，父子俩获释一般到径山上放风去了。在山上，父子俩看到一块石头上刻了"喝石"两个大字。起初土豪觉得很奇怪，一番琢磨后"略有所悟"，觉得发现了新大陆——杭州人真能瞎折腾，参加个喝茶活动，快渴死了也喝不到茶水，好不容易茶水到手，只一小口就没了，还没沾湿嘴唇。怪不得在山上看到有人在石头上刻"喝石"，肯定是等不到茶水喝的人变成了石头。

喝石

回到家后，他说起杭州见闻，就给朋友这么讲。

土豪这么讲，知道来历的人也不以为意，土豪嘛！有位秀才就调侃他，其实径山上有三"喝"——喝石、喝石岭、喝岭，整个径山都是没喝到茶的人变的。

土豪洋洋自得，为自己的领悟力飘飘然了好几天。

后来，一位朋友告诉土豪，他在径山上看到的那块喝石大有来头。据说，唐朝时，一个叫法钦的和尚在径山修行，一天，一个自报名号为巾子山的人前来拜访。来人五大三粗，离老远就听到他的大嗓门。他声称自己力大无比，想到首都长安去弘法救难，恳请法钦禅师度化。正在岩石旁边禅修的法钦，见来人态度诚恳，就想试试他说的是不是真的。"你说你力大无比，想必底气十足。这样吧，你看见我身边的这块石头了吗？你就放开嗓门，喝令它掉到悬崖下面去。"只见巾子山走到石头跟前，运气凝神，一声断喝："下去！"石头应声掉落崖底。一旁的徒弟看到法钦禅师的嘴角不经意地往上翘了翘。他又让巾子山喝令石头上来回到原位，巾子山再次凝气屏神，又是一声断喝："上来！"只见刚才掉落崖底的石头腾空而起，眨眼间就飞了上来，一声巨响，裂成三块。四周鸟雀惧飞，小兽惊窜，树叶簌簌掉落。法钦禅师见巾子山如此神力，定能肩负使命，一番指点之后，让他前往长安，而径山上那裂为三块的石头从此就被叫为"喝石"了。

现在明白了没有，径山上喝石的"喝"字，是大声呼喝、吆喝、喝令、棒喝，不是口渴要喝茶水的意思。

朋友的讲述犹如当头棒喝，让土豪惊诧了半晌，又"略有所悟"，决定要再去径山，仔细搞搞清楚。

这次径山行，土豪还真是收获不小。

一是径山三"喝"的确存在："喝石"在径山寺东北的竹林中，"喝石岭"在紧挨"喝石"的"祖师庵"遗址的东边，"喝岭"则在径山寺东5千米的斜坑和里洪之间。

二是径山的确曾有个叫法钦的禅师，是径山禅寺的开山祖师，俗姓朱，还是唐代宗的座上宾，被代宗赐号"国一大觉禅师"。那个时候，径山禅寺很有名气，寺内僧众超过1700人，光禅房就有360间。

三是佛教有八大宗派，其中的禅宗又分五大宗派，临济宗是影响最大的宗派。法钦禅师在径山修的就是临济宗。日本临济宗就是从这里传过去的，他们尊径山为其祖庭。

四是临济宗真正的祖庭在河北正定临济寺，最具代表性的禅修方式叫"临济喝"。这个"喝"就是呵斥、大声呼喝的意思。

五是"喝石"两个大字是明朝时一个叫韩昌箕的文人题刻的。韩昌箕是明代的一位家谱学家，一生专门考证六朝时期王、谢两家人物，为两家修谱立传。

还有，曾有很多历史名人到过径山。

一番重游之后，土豪心里嘀咕，这"喝石"还真不是因为人口渴变成的。绕来绕去，原来这个"喝"还是从老家门口的临济寺传过去的。

难得土豪有如此耐心刨根问底。

回到家里后，土豪琢磨着朋友讲的喝石的故事，总觉着哪里不对劲。那个叫巾子山的求道者，不应该有那么大的道行，应该是他到径山向法钦禅师求道，法钦禅师在那块石头旁边用"临济喝"度化他。

土豪再次"略有所悟"。

他必须搞清楚这个"临济喝"到底有多大魅力。从此，土豪成了临济寺常客。

住持见土豪虔心求道，就把"临济喝"的来龙去脉告诉了他。

临济宗的开山始祖是唐朝的义玄禅师，俗姓邢，他的祖师是黄檗禅师。在黄檗禅师座下，义玄禅师修行到了炉火纯青的境界。后来义玄禅师赴赵州的临济院任住持,承袭黄檗禅师严峻的禅风,创立"三玄三要""四宾主""四照用""四料简""四喝"等峻烈的禅风,在全国影响很大,其中更以"四喝"最具特色。

"四喝"究竟是怎么"喝"的,明朝洪武年间成书的《续传灯录》有记载:"有时一喝如金刚王宝剑,有时一喝如踞地狮子,有时一喝如探竿影草,有时一喝不作一喝用。汝作么生会?"通俗讲就是:我有时大声一喝,像金刚王宝剑那样锋利;有时大喝一声,如踞地狮子,威猛无比;有时一喝,好像用竹竿去草中探查;有时自然一喝,不显示任何意义。你们对此有什么看法?

金刚王宝剑是很厉害的法器,能斩断意识,让人心生智慧,一声呵斥,就像金刚王宝剑那样的利刃,让昏聩之人的意识觉醒,让智慧河流冲出山谷,汇入大海;至于踞地狮子,是百兽之王,一声大吼,让众兽惊惧,如果人心有邪念,一声断喝,无有踪影;竹竿探草自然是试探深浅、打草惊蛇;一喝不作一喝用,就是打乱你的思路,干扰你的思维。

一开始,土豪听得云里雾里,不由心生烦躁,有了烦恼心。住持知道土豪有慧根,但如法修行非一朝一夕事,于是每天只讲一小段故事,尽量用通俗易懂的方式讲解,单这"四喝"便足足讲了六天。渐渐地,土豪安定下来,每日按时到寺里听主持讲"临济喝"。

但是,土豪的下人们从此不好受了。因为土豪在寺里听讲完回家后,不时会"学以致用"一下,常常棒喝下人,说是帮助下人修禅悟道,搞得下人们战战兢兢,不知道究竟做错什么了、该怎么做。此事传到住持耳中,一日讲完经之后,对土豪说:其实,义玄禅师之所以用"喝",是因为"喝"本是一种方便的示法手段,临济用"喝",是其示法的智慧。有一次义玄禅师就对弟子说:"你们总是学着我喝,那我今天要考考你们,如果有一人从东堂出来,另一个人从西堂走来,两人同时齐喝一声,这时你们如何分辩谁是主?谁是客?如果分不出来,以后就不可以再学我喝。"义玄禅师说此话的深意在于警示学人不要随意使用"喝"的方式,以免误导他人。

土豪又"略有所悟"。

据说,后来土豪散尽家财,皈依了佛门。

资料显示,径山祖师法钦禅师师从牛头宗玄素,至第十三代大慧宗杲住持径山,得《临济正宗记》,径山才开始传播临济宗的思想。大慧宗杲首创"看话禅",说法"纵横踔厉,易于接引",上山求法者蜂拥而至,由此临济宗名传四方。及至第三十代蒙庵元聪住持径山,信众云集径山,日本等国的信徒也纷纷来径山求法,径山遂成为弘扬临济宗的祖庭。久而久之,"喝"字在径山扎下了根,临济宗也把径山的禅宗文化发扬光大。

别看径山"喝石"只是石头上刻的两个字,可它根深着呢,源长着呢,禅意绵绵。

参考文献：

1. 金志敏：《杭州凤凰山摩崖萃编》，西泠印社出版社，2014年。
2. 〔清〕阮元：《两浙金石志》，浙江古籍出版社，2012年。

一个题壁镇蛇妖，不是官威是正气
——盘蛇山摩崖石刻"壁立千仞"

淳安县千岛湖上有座山叫拳山，又名盘蛇山。拳山的北面有一处高达数十丈的石壁，其中有一处摩崖石刻呈匾额状，长266厘米、宽80厘米，阴刻有"壁立千仞"四个大字，颜味十足，刚劲雄健，为清雍正年间（1723—1735）进士姜士仑所书。

美丽的千岛湖畔有一个美丽的山村——姜家村，小村坐落在郁溪半岛西岸的拳山之后，依山面湖，是一个人文底蕴深厚的钟灵毓秀之地。据记载，姜家村初名南洲，取"南部神洲"之意；又名郁州，是以郁溪得名；再名郁社，源于"郁溪古社"，后以姜姓得名姜家村。

清朝时，姜家村出了一个名人叫姜士仑，是雍正年间的进士，乾隆十三年（1748），他在归德府（今河南商丘）任知府，回乡探亲时得知村民饱受蛇妖祸害，就在蛇妖出没的崖壁上题刻了"壁立千仞"四个大字，从此蛇妖消遁，村民安居乐业。

题刻在姜家村东南面的拳山上。拳山，当地人也叫盘蛇山、拳林突匾山。在山东面的一处临水峭壁处，隐约可见匾额状题刻，高约1米，宽约2.5米，字迹斑驳可辨，字体端正宽厚、刚劲雄健，颇具唐楷精神，落款是"姜良宝"。

姜良宝就是姜士仑的小名，其人清廉耿介，当了十五年的官，官名远播，两袖清风。在家乡熟悉的山水间题壁，用小名落款，足见其对家乡的用情和用心。

姜士仑在归德担任知府时，常有老家人找他，希望能通过他找一份体面的工作。老家来人，姜知府都是热情接待，然后让家仆备足盘缠，好言安慰，让他们回乡好好务农，安居乐业。姜士仑知道，自己在知府任上，给老乡找份公干是没问题的，但这岂不是利用公权谋私吗？姜士仑做不来。天长日久，乡人渐渐知道姜士仑的难处后，也就轻易不来打搅他了。

一天，正在处理公务的姜士仑听差役说他的老家有人来找他，以为又是老乡来找他做事情，就让差役先安顿来人到自己家中，待公务处理完后再回家劝说来人回去安居。姜士仑处理完公务时间已经不早了，有老乡来找他的事早已忘到脑后。回到家里，夫人上前对他说："那位老乡自称是你的族叔，迟迟不见你归家，急着回去，人已经走了。走时让我转告你，老家现下遭难了，有妖孽出没祸害乡里，你如果有时间就回去看看，看能不能帮帮乡亲们。"

姜士仑听后有点吃惊，那姜家村襟武石（磨头尖）、枕拳山（盘蛇山），右金峦、左银岬，屏开列嶂，村前高畈沃野平川，广千余亩，堪称"平原膏腴"，是一处群山绕翠、四面环合、中间弘旷、藏风聚气、宜耕宜居的"风水宝地"，村民多勤耕尚读，会遭什么难呢？族叔含糊其词，想必是真有难事，又不愿意劳烦于他。

姜士仑陷入沉思之中。离家赴京时，他还只是一个瘦弱青年，一晃，离开家乡已经十多年了，是该回乡探望探望父老乡亲了。第二天，姜士仑就上报要回乡探亲，等到同意的批复一到，他安顿好手头的公务，第二天就出发了，他轻车简从，只带几个家仆，一路上紧赶慢赶，十数日便赶回了姜家村。

刚到村口，姜士仑就感到有点不对劲。以往辰时的村口可是个热闹的所在，乡亲们端了饭碗，聚在大树下交流信息，任何鸡毛蒜皮的小事都会在这里成为新闻，孩童则在此嬉戏玩闹，一派充满浓浓生活气息的安居乐业景象。今天这个时候，村口老樟树下竟然没有人聚集。这时，有乡亲见到姜士仑轻车简从回来，赶紧出门迎接。

没接到回家探亲的消息，姜士仑突然回家，令父兄家人既感意外，又很惊喜。姜士仑兄弟两个都很厉害，在乡里很有名。他的哥哥姜士炌，是康熙年间（1662—1722）的举人，平生居家孝友，不苟言笑，人号"铁面郎"。到家没多久，村中长老听说姜士仑回来了，也都陆陆续续汇聚到姜家老屋。

从大家的讲述中，姜士仑明白了村里萧条的原因。原来，拳山上突然出现了一条大蛇，经常在附近出没，有时在山里，有时在村边，村里的家禽家畜经常无缘无故失踪，更严重的是，在村边玩耍的小孩也经常失踪，想必都是这条蛇干的。村民们几次想到山上收拾它，但都没有成功，还白白搭上了几条人命，吓得这一带的人不是投亲靠友，就是远走他乡。大家对这条大蛇是又恨又怕，都说这条蛇成精了，必须得请高人镇住才行。于是族人们推了族叔前去找姜士仑，希望他回来想个对策，治住蛇精。

族人们为什么对姜士仑寄寓这么大的期望呢？除了姜士仑官大威大学问大之外，最主要是村民们都相信姜士仑少年时受过神仙指点，身怀异能。

姜家村郁溪边上有个燕岩洞，口小肚大，洞中有洞，深不见底，站在洞口经常能听到轰隆隆的声响。有胆大的人想去探个究竟，但都没回来，大家都叫这里是"神仙洞府",没人敢再往里深探。少年姜士仑对此也怀着极大的好奇心,决心一探究竟。一天,他谎称到舅舅家探亲,和书童悄悄备了许多蜡烛,偷偷进了燕岩洞。不想在洞里蜡烛被风吹熄,带的打火石又不管用了,他们只能在黑暗中摸索。就这样不知过了多久,终于听见有"笃笃"的下棋落子声。寻声过去,居然看见前面一团光亮。他们以为找到出口了,却没想到闯进了神仙洞府。只见两位须发飘飘的老者,正就着灯光下棋,远远的光影飘忽,不知是在天上还是人间。姜士仑见冲撞了两位神仙的雅兴,连忙礼敬,求指点出路。两位老者见这少年眉宇清秀,不卑不亢,心生欢喜,就问他是愿意享清福还是享洪福？姜士仑连忙请教神仙：享清福怎么样,享洪福又怎么样？神仙告诉他,享清福就是留下度他成仙,享洪福就是入世为国为民做事。姜士仑从小就立下报国为民之志,自然选择了后者。在神仙指点之下,二人在距燕岩洞入口五百多里的九华山出了山洞。正当全村人翻遍犄角旮旯找寻他们时,他们却没事人一般出现在村里。村民们听说了姜士仑的奇遇后,也都想试试运气,进洞一睹神仙风采,求神仙指点一二,可是没人再能找见姜士仑遇仙的洞口,估计是神仙把洞口隐了起来。从此村民们都对姜家这个二小子刮目相看。

叙旧休整一番之后,村中长者领着姜士仑到大蛇经常出没的地方查看。一路上,有村民心有余悸地向姜士仑描述蛇精的可怕：这是条修炼了千年的蛇精,身长几十米,腰身如水桶,夏夜出来乘凉时,能将整个山头都盘住,所以大家都把拳山改叫盘蛇山了。这蛇精穿山山倒塌,钻河河改道,触人人命丧。如今更是猖獗,夜夜出来怪叫吓人。

经过考察,姜士仑确定了蛇精盘踞的位置,那里是悬崖峭壁,壁下临水,壁上有一个山洞,估计就是蛇精

盘蛇山"壁立千仞"石刻

的老巢。姜士仑想，不论怎样，一定要乘在家这几天把这条搅得乡亲不得安生的蛇精制服了。回到老屋，他连夜赶写告示，让村里派人四处张贴，说自己有办法镇服蛇精，要众乡亲都放心归家安居乐业。当夜，他派侍从到灵岩山里的灵岩洞中取来了龙脐仙水备用，又派几个随从到瀛山书院下的方塘取来源头活水，摆开砚台，拿出乌金墨，几个人不停地轮流磨墨，直磨了满满一大盆。之后他又叫几个家人找来一扎钢鬃，扎成一管扫帚大的毛笔，并派一班人连夜赶制云梯。众人忙碌了一整天，一切准备就绪。第二天三更时分，全村出动，松明火把把山路照得一片通明。姜士仑带领一大班人马，前面用龙脐仙水开路，向蛇精藏身的石壁进发。龙脐仙水是专门制服妖魔鬼怪的仙水，蛇精嗅到仙水的味道，知道有人要来对付它了，不甘心束手就擒，便怪叫着从深洞中蹿出。只见蛇妖竖起脑袋，口中吐着长长的信子，恶臭扑鼻，直扑走在最前面的村民们。它正要伸颈扑人啮咬，姜士仑一声令下，立即有几个精壮后生将龙脐仙水泼向蛇精，顿时，蛇精水桶一样的身子立马变得像筷子般细，吓得蛇精转头遁入洞中。这蛇精被龙脐仙水一洒,法力涣散,只好乖乖躲起来,一时不敢出来。姜士仑见状让家丁赶紧架起云梯,他抓着钢鬃笔,三两下爬上云梯顶,饱蘸着乌金墨,在蛇洞边的石壁上题下"壁立千仞"四个大字。说也奇怪,姜士仑笔到之处,石壁就如被斧凿一般,收笔之时,四个大字已豁然深刻在石壁之上了。原来,姜士仑这笔是钢鬃做的,墨是源头活水磨的,笔如刀,墨有灵,加上笔力千钧,那四个大字便一挥而就、入石三分。姜士仑对大家说:"这下大家尽可放心了,这四个大字会把蛇精永远镇在这蛇洞里的,以后它再也作不了怪了。"

众乡亲还是觉得疑惑,姜士仑笑着解释道:"你们有所不知,有句老话叫'人多自有回天力',这'壁立千仞'四字,不就是石壁上站着一千个人,每人还拿着一把锋利的尖刀吗?有这样的气势镇住洞口,蛇精还敢出来兴妖作怪吗?"

"壁立千仞"原来是这个意思。

果然,从此以后,这里再无蛇妖作怪,后来这里出没的蛇,最多都只有筷子大小,见人就逃得远远的。姜家村很快恢复了生机和活力,远走他乡的村民也纷纷返回家园,共同建设这块曾经遭劫的风水宝地。姜家村父慈子孝,耕读传家,代代都有科举成名之人。

其实,姜士仑并没有什么过人的本领,能镇住蛇妖,靠的不是什么异能法术,而是一身凛然正气。蛇精不是害怕传说中的法力和药水,而是怕充满正气的人和无私无畏的胆魄。

这是跟随姜士仑的家仆悄悄告诉自己家人的,说是姜知府私下里跟他说的。

你信吗?

我信。

参考文献:

1. 杭州市第三次全国文物普查领导小组办公室、杭州市园林文物局:《杭州摩崖石刻》,浙江古籍出版社,2013年。
2. 淳安县政协文史和教文卫体委员会:《光绪淳安县志》,内部资料。

斑驳苔藓下的隐秘"天书"
——万国山摩崖石刻

在桐庐县凤川镇，有一座山叫万国山。万国山有三座相连的山峰，前些年，有人在第三座山峰梁脊岩石的斑驳苔藓中发现有几处人为刻画的线条，既不像文字，又不像图案，当地老百姓管它叫"天书"。

"天书"在桐庐县凤川镇三鑫行政村雷坞自然村东北面800米处的万国山山顶，共有两处：一处岩石宽275厘米，高160厘米，刻有4组线条；一处岩石宽315厘米，高150厘米，刻有6组线条。

走近仔细观察，隐隐约约的线条，没有石刻的任何年代信息，只有线条和线条组合成的又像文字又像图案的神秘符号。

这不由让人联想到悠远的远古时代。

原始人将狩猎活动的场景和狩猎到的动物画在岩石上，再用尖锐的石器在岩石上敲凿，磨刻出轮廓。天地广阔而苍茫，一块块、一排排、一壁壁的岩石，足够先民们记录和创作使用。日复一日，先民们不停地磨刻、涂画，刮风、下雨、狩猎、耕种、日出、日落，他们用粗犷、古朴、自然的方法来描绘、记录他们的生产方式和生活内容，记录下史前人类的文明。

有意思的是，万国山上的石刻，有的像房屋，有的像凉亭，有的像插着天线的蒙古包，还有的像"田""木"

等古汉字。究竟是什么时候，什么人留下的这些符号呢？

河姆渡离这里不远，是河姆渡文化时期的文明遗存吗？

五千多年前，河姆渡文化时期，这里濒临大海，河道纵横，森林茂密，气候炎热。先民们在低矮开阔的丘陵山地聚族而居。沿河，他们可以划着小船一直通向大海；沿山，他们可以从密林中深入大陆腹地。他们背山坡、面溪流构筑干栏式的房屋，开荒种水稻，把捕到的鱼、猎到的兽统一进行分配，吃不完的动物，活的喂养起来，死的制成肉干储存。他们的首领是一位慈祥而威严的母亲，用自制的陶器取水、煮饭。部落之间都有各自的势力范围，除了通婚时期，一般都各自为政、互不干涉。他们有时也会因为争抢猎物和地盘发生争斗，失败者会用双手将猎物呈给对手，然后悄悄退走，择地重建家园。有时，洪水、大火也会使部落失去家园，被迫搬迁。

那是一次大的洪水灾害，许多氏族部落失去家园。其中一个部落在头人的带领下，不断向内陆腹地迁徙。到了桐庐县万国山脚下，部落头人因为怀孕生产，队伍被迫停下迁徙的脚步。他们草草收拾出一片适宜落脚的山坡，等待头人生产，等待部落新生命的降临。这次洪灾，部落人员折损大半，家园毁弃，不知道还能不能回到曾经的家园。

这里山峦起伏，树林茂密，远离了纵横交错的河流，已经远远摆脱了洪水的袭击，可也远离了曾经辛苦开垦的稻田，远离了曾经安居的家园。回望来处，沉默的队伍中有人开始哭泣。

大多数族人在虔诚地祈祷新生命的降临。

万国山摩崖石刻

然而事与愿违。头人因为难产死了。新生命也没看到曙光。可是，一族人仍然得生存生活下去，族中长老们以最高的礼仪安葬了头人后，马上推选头人的大女儿做头人，掌管部落。

部落决定就在此安顿下来。分工完毕，一切都按部就班：建设营地，收集火种，搭建住处，进山狩猎、采摘，一切都有条不紊地进行着。

在一次进山采摘野果的行动中，头人带领的部落女人们俘虏了附近另一个氏族的一名男性狩猎者。年轻且壮实的狩猎男子很快就成了部落的重要人物，他应该为部落繁衍做点贡献了。每天，头人热情且周到地款待着这个男子，男子也很享受这种待遇。滞留期间，头人给他讲氏族过去安居的田园、房舍，讲童年追逐玩耍的山道河汊，讲自己饲养一头小野猪的经历。狩猎男子在这个部落里也学会了构筑房屋、捕鱼，甚至开荒种田。一段美好时光很快过去，这个外族男子恋恋不舍地回到自己的部落。

回到自己部落的男子异常落寞。

每当进山狩猎休息时，他的眼前就会浮现健康美丽的头人身姿，不断闪现他被俘虏后在头人部落的生活情景。一年以后，男子再次来到美丽头人部落的聚居地，可是已经人去屋空。除了一些残留的建筑物和烧火做饭的痕迹外，什么都没有了。沮丧的男子找不到美丽的头人，一口气奔跑到万国山顶，在一座山峰裸露的岩石上用狩猎的工具刻画着他的记忆。

那是美丽头人讲给他听的关于自己生活的记忆：干栏式建筑的房屋，有田埂的稻田，刻有部落图腾的陶罐，饲养的小野猪，捕鱼的独木舟……他靠他的记忆、理解和审美表现力，以锐石为笔，在石壁上刻画着。很长一段时间里，每当狩猎结束，男子便一个人攀爬到石壁上，沉醉于此。这是他的秘密花园，是他进行自我疗愈的场所。但他不会想到，他表达的个人情感和追忆的过往场景，却替后人记录了一段人类史前文明。

五千多年过去了，美丽头人部落的后裔还生活在这片土地上吗？有谁能读懂祖先那丰富的情感？

距离拉近些，我们再换一组镜头看看。

七百多年前，那个曾经为朱元璋打下明朝江山，运筹帷幄、能掐会算的刘基刘伯温，在万国山脚下翙岗村留下的信息，是否可以作为解读万国山摩崖石刻的路径呢？

元末，刘伯温曾经在翙岗寓居并设馆授徒。教学授徒之余，他见百姓经常受水旱灾害，就亲自设计水文规划图，指导当地村民兴修水利设施。当时翙岗还叫"悔冈"，刘伯温认为当地地形如同起飞的凤凰，于是便题匾"凤翙高冈"，从此此地便改名为"翙岗"了。虽然刘伯温指导当地村民修渠引水，解决了旱情，但是当地人似乎对这位刘老先生的作为并不领情。他们认为刘伯温在指导村民修筑水渠的时候改变了当地的水系，因此影响了当地的风水，从此翙岗只富不贵，虽然出了不少有钱人，可几乎没出过什么大官。

因为刘伯温在万国山下的水利项目，有人便联想到万国山上的神秘"天书"。他们猜测，"天书"是人们按照刘伯温设计的水利规划图刻上去的，那些线条其实是翙岗村明渠、暗河的规划图。

坊间也有另外的传说：万国山上的神秘"天书"，是江湖奇人金钩李胡子留下的藏宝图。李胡子利用早就刻在石头上的设计图，把宝藏藏在暗渠河汊之中，还把图中留的信息进行了修改。

金钩李胡子可是江湖奇人，因为他留了一部长胡子，每当吃饭喝水时，就把特制的一对金钩戴在耳朵上，然后像钩门帘一样把胡子勾起来吃东西。吃喝完后，理好胡子，收起金钩走人。他会法术，懂医术，江湖救急只要连喊三声他的名字，他就会赶到。据说金钩李胡子曾经在万国山一代活动过，收集了不少宝贝，因为战乱，他就把宝贝藏起来，并在山顶岩石上刻下了藏宝图。

真实的历史早已远去，但石壁犹存，"天书"仍在。没有其他信史记载，似乎所有的答案都在猜测和传说中，各位寻秘的"铁粉"们加油。

希望经过更多有心人的探索，有一天真相能水落石出，"天书"密码能被破解。

参考文献：

1. 杭州市第三次全国文物普查领导小组办公室、杭州市园林文物局：《杭州摩崖石刻》，浙江古籍出版社，2013年。
2. 程大鹏、裘一琳：《桐庐万国山神秘"天书"之谜》，《杭州日报》，2008年9月23日A06版。

丛书编辑部

艾晓静　包可汗　安蓉泉　李方存　杨　流
杨海燕　肖华燕　吴云倩　何晓原　张美虎
陈　波　陈炯磊　尚佐文　周小忠　胡征宇
姜青青　钱登科　郭泰鸿　陶文杰　潘韶京
（按姓氏笔画排序）

特别鸣谢

仲向平　方龙龙　盛久远（系列专家组）
魏皓奔　赵一新　孙玉卿（综合专家组）
夏　烈　郑　绩（文艺评论家审读组）

供图单位和图片作者

余杭区径山镇径山村　临安区玲珑街道
淳安县姜家镇
卢晓明　吴宏伟　张　煜　傅晓楠　蔺富仙
（按姓氏笔画排序）